Iris Mutschler-Austere

# Der 15 Sekunden Gefühls-Turbo

Ein Einstieg ins Emotions-Management
Die Entwicklung unserer emotionalen Identität
In fünf Schritten raus aus dem Gefühls-Labyrinth
Das Praxishandbuch für die tägliche Gefühlshygiene
mit dem 15 Sekunden Gefühls-Turbo

Erste Auflage 2019
Herstellung und Verlag:
BoD – Books on Demand
Printed in Germany
Autor: Iris Mutschler-Austere
Emotions-Management-Coach
www.iris-austere.com
www.emotions-management-austere.com
Lizenzen aller Bilder über 123rf.com erworben
ISBN: 978-3-7448-8999-5

**Disclaimer / Haftungsausschluss**

Der Autor übernimmt keine Verantwortung für den Gebrauch oder Missbrauch der Informationen in diesem Webinar. Jeder, der den Anweisungen in diesem Webinar folgt, tut dies auf eigene Verantwortung.

Dieses Webinar ist kein Ersatz für medizinischen oder anderweitig professionellen Service, um Ihren speziellen persönlichen Bedürfnissen gerecht zu werden.

**Rechte**

Alle Inhalte und Strukturen dieses Webinares sind urheber- und leistungsschutzrechtlich geschützt. Die Veröffentlichung im World Wide Web oder in sonstigen Diensten des Internet bedeutet noch keine Einverständniserklärung für eine anderweitige Nutzung durch Dritte. Jede vom deutschen Urheberrecht nicht zugelassene Verwertung bedarf der vorherigen schriftlichen Zustimmung von Iris Austere.

Alle Rechte der Verbreitung auch durch Funk, Fernsehen und sonstige Kommunikationsmittel, fotomechanische oder vertonte Wiedergabe, sowie des auszugsweisen Nachdrucks vorbehalten

© 2019 Mutschler-Austere, Iris
Herstellung und Verlag: BoD – Books on Demand, Norderstedt
ISBN: 9783744889995

# Index

|  | Seite |
|---|---|
| Vorwort | 1 |
| Die drei Komponenten des Emotions-Managements | 2 |
| Emotions-Management auf der mentalen Ebene | 3 |
| *Kapitel 1 – Emotions-Management mental* | |
| **Der 15 Sekunden Gefühls-Turbo** | 10 |
| Die Zwei Komponenten des Gefühls-Turbos | 14 |
| Die zweite Komponente: Die Affirmationsformel | 16 |
| Die fünf Säulen des Thymus-Tapping | 18 |
| Die Thymusliste | |
| Die Thymusliste bestücken I | 19 |
| Wie das Gehirn reagiert | 20 |
| Wie wir ins Fühlen kommen | 22 |
| Die Thymusliste bestücken II – Beispiele | 25 |
| Beispiele für Liebe | 26 |
| Beispiele für Glauben | 30 |
| Beispiele für Vertrauen | 32 |
| Beispiele für Dankbarkeit | 35 |
| Beispiele für Mut | 38 |
| Allgemeines über die Thymus-Liste | 41 |
| Bei inneren Verboten, Widerständen oder Abneigung | 44 |
| Wenn die Thymus-Liste ausgefüllt ist | 47 |
| Varianten des Thymus-Tapping | |
| Der 15 Sekunden Gefühls-Turbo | 50 |
| Das kreative Thymus-Tapping | |
|   1. Wenn eine der fünf Komponenten sehr schwach | 51 |
|   2. Vorträge, Prüfungen o.ä. Situationen | 53 |

| | |
|---|---|
| 3. Wenn eine der Komponenten schwach angelegt ist | 55 |
| Vision, Disziplin und Hingabe | 56 |
| Therapeutisches Thymus-Tapping | 57 |
| Übersicht – Varianten des Thymus-Tapping | 60 |
| *Kapitel 2 – Emotions-Management rational* | |
| Die Entwicklung unserer emotionalen Identität | 61 |
| Eine kleine Geschichte | 61 |
| Die Entstehung von negativen Glaubens-Sätzen | 65 |
| *Kapitel 3 – Emotions-Management rational* | |
| Wenn Emotionen in die Irre führen | 73 |
| Die Vielfalt und Auswirkungen von belastenden | 74 |
| Emotions-Management auf der rationalen Ebene | 77 |
| Wenn Emotionen in die Irre führen | |
| Die fünf Schritte der rationalen Komponente | 78 |
|    1. Schritt: Emotionen als Wegweiser | 79 |
|    2. Schritt: Die Emotion benennen | 81 |
|    3. Schritt: Die Botschaft entschlüsseln | 82 |
|    4. Schritt: Konstruktive Fragen | 85 |
|    5. Schritt: Antworten | 86 |
| Beispiele – belastende Emotionen umwandeln | |
| Wut | 86 |
| Trauer | 88 |
| Angst | 89 |
| Verzweiflung | 92 |
| Sorge | 93 |

| | |
|---|---|
| Anhang – Der 15-Sekunden Gefühls-Turbo | |
| Liste positiver Eigenschaften | 99 |
| Bestücken der Thymus-Liste | |
| Liebe | 103 |
| Glaube | 105 |
| Vertrauen | 107 |
| Dankbarkeit | 108 |
| Mut | 110 |
| Die Entwicklung unserer emotionalen Identität | |
| Glaubenssätze aufdecken | 111 |
| Glaubenssätze – die eigene Identität aktualisieren | 112 |
| Die Ansichten des inneren Kindes erkennen | 114 |
| Die eigene Wahrheit bestimmen – Update der | 115 |
| Beispiele Fragen | 116 |
| Beispiele Ressourcen | 117 |
| Beispiele Gegenstücke, belastende/angenehme Emotion | 118 |
| Aufbau in fünf Schritten – weitere Beispiele | 121 |
| Überforderung | 122 |
| Ärger | 123 |
| Hilflosigkeit | 124 |
| Mutlosigkeit | 125 |
| Erschöpfung | 126 |
| Schlussworte – Rolle und Folge dieser Fähigkeiten | 127 |
| Webinar-Reihe zum Buch / Einzel-Coachings | 129 |
| Notizen | 130 |

# Vorwort

Emotions-Management bedeutet, dass wir unser Bewusstsein über unser Selbst-Verständnis erweitern. Und zwar mit der Prämisse, dass wir Emotionen tatsächlich als Wegweiser zur Erfüllung unseres persönlichen Lebensauftrags verstehen lernen.

Unsere Gefühle umfassen alle unsere vergangenen und gegenwärtigen Erfahrungen, die wir im Laufe unseres Lebens gemacht haben. Sie „spiegeln" unsere Rolle, die wir auf dieser Grundlage unwissentlich eingenommen haben.

Sie geben uns Auskunft über unseren Charakter, Werte, Prioritäten und Vorlieben.

Mithilfe von Emotions-Management können wir nachholen, was bisher gesellschaftlich noch nicht möglich war: Die Entdeckung unserer individuellen Sinnhaftigkeit.

Emotions-Management ist ein Reisebegleiter und Routenplaner, dessen Navigationssystem unser ureigenstes Inneres ist.

Dieses Anwender-Handbuch ist in drei Bereiche gegliedert:

1. Sie erhalten eine detaillierte Anleitung wie Sie den 15-Sekunden Gefühls-Turbo installieren und einsetzen können. Das Ziel: Stabilität, Ausgeglichenheit, Gesundheit, geistige Vitalität und Lebensfreude auf einfache Art schnell und nachhaltig zu etablieren und sich damit für die Herausforderungen des Lebens wappnen zu können.

2. Sie erlangen ein tieferes Verständnis über die Entwicklung Ihrer persönlichen emotionalen Identität anhand von leicht verständlichen Beispielen, die verdeutlichen, dass und wie sogenannte Glaubenssätze uns unbewusst steuern.

3. Sie bekommen Vorlagen an die Hand, wie Sie systematisch vorgehen können, diese meist unbewussten Glaubenssätze aufzudecken, wenn Ihre Emotionen Sie in die Irre führen. In fünf einfachen Schritten wandeln Sie belastende Emotionen in entlastende Lösungen um.

Sie erhalten konkrete praktische Übungsvorlagen, wie Sie aktiv an Ihrer persönlichen Weiterentwicklung teilnehmen können.

Ich wünsche Ihnen von Herzen Motivation und Begeisterung für dieses Unterfangen!
Herzlichst, Ihre

# Vorbereitung auf das persönliche Emotions-Management

Wann haben Sie das letzte Mal ein Persönlichkeits-Update gemacht?
Dabei geht es darum, sich selbst gezielt zu leiten und lenken, sodass IHR Glücklich-Sein und IHRE Lebensfreude kein Zufall sind und Sie es selbst in der Hand haben, Ihr Lebensziel motiviert und inspiriert zu erreichen.
Das bedeutet durch Persönlichkeits-Updates erlangen Sie emotionale Stabilität und ein aktualisiertes - Ihrem jetzigen Entwicklungsstand entsprechendes - Selbstverständnis.

## Emotionsmanagement besteht aus drei Komponenten:

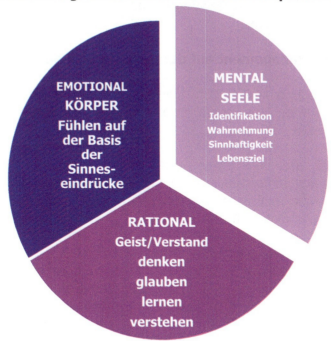

Die 1. Komponente beinhaltet den **mentalen Bereich**, der sich über den Selbstwert, das Selbstbild, also die Identifizierung,

bemerkbar macht und kommt dann zum Tragen, wenn es darum geht, wirklich glücklich zu sein, sprich: ein erfülltes Leben zu führen.

Die 2. und allgemein bekannteste, bzw. auch naheliegendste Komponente ist der **rationale Bereich**. Hierfür ist der Geist, bzw. der Verstand verantwortlich.

Die 3. Komponente deckt den **emotionalen Bereich** ab und ist sehr eng an den Körper gekoppelt. Wir alle kennen Sprüche wie: man hat einen Kloß im Hals, einen Stein im Magen oder es ist einem etwas über die Leber gelaufen.

Dieser kommt dann zum Vorschein, wenn bereits ein Emotions-Stau herrscht, der körperliche Auswirkungen mit sich bringt; was zur Folge hat, dass wir gezwungen sind, unsere Aufmerksamkeit auf uns selbst zu lenken.

**Emotions-Management auf der mentalen Ebene**

Der erste Schritt im Emotions-Management betrifft die mentale Ebene. Hier geht es darum, sich von Grund auf emotional zu stabilisieren.

Wir wissen alle, dass unser Gehirn durch Wiederholung lernt. Wenn wir uns immer wieder auf negative, belastende Emotionen einstellen und einlassen, interpretiert unser Gehirn dies als „normal" oder „natürlich".

Kein Wunder, dass psychische Gründe wie Burn-Out heute auch die Hauptursache für Fehltage und Frühberentung in unserer Gesellschaft sind. In der Medizin wird mittlerweile ebenfalls darauf eingegangen, dass ein Großteil der körperlichen Krankheiten psychische Ursachen haben.
Wir sind gut aufgeklärt was Körperpflege und Ernährung betrifft und wie wir unseren Verstand optimal nutzen, aber wie wir mit

unseren Gefühlen umgehen können wurde uns bisher nicht beigebracht.
Stellen Sie sich vor, Sie sind mit Ihrem Auto im Grünen. Plötzlich kommt ein Unwetter auf, das Auto ist verdreckt, die Windschutzscheibe nur noch dank Scheibenwischer einigermaßen blickfrei.

Auch der Innenraum ist verschmutzt – nasse Kleidungsstücke, Proviantverpackungen, Gummistiefel liegen überall verstreut herum.
Lassen sie das alles jetzt so und gehen davon aus, dass der nächste Regen das Auto schon wieder säubern wird?
Natürlich nicht! Morgen brauchen Sie das Auto, um zur Arbeit zu fahren und in Arbeitskleidung können Sie so nicht einsteigen.

Auto, Wohnung, Garten, Garderobe, der Körper - all dem widmen wir viel Zeit für die Pflege.
Wie kommt es, dass wir gerade unser Innerstes - unser Wohlbefinden - so vernachlässigen?
Ganz einfach, weil wir A gelernt haben, dass wir es nicht wert sind, alles andere wichtiger ist und B, weil wir nicht wissen wie.

Über Jahre oder sogar Jahrzehnte angehäufte „ungelöste" emotionale Belastungen untergraben unterschwellig das Selbstvertrauen und die Selbstsicherheit.

Im Unterbewusstsein wurde alles gespeichert, was wir über unsere Lebenszeit erfahren haben.

- Der strenge Vater, der den Samen von Wertlosigkeit gesät hat
- die unterwürfige Mutter, die Wut und Minderwertigkeit schürte
- der herablassende Lehrer, der das Selbstbewusstsein mit Angst und Unsicherheit vergiftete
- die erste Liebe, die uns betrogen und enttäuscht hat

- die petzende Schwester, die die Fähigkeit zu vertrauen gekappt hat
- der übergriffige Bruder, der es verstand andere bloßzustellen
- die Freundin, die sich dauernd in den Mittelpunkt setzte und andere wie Lakaien behandelte.

Jeder von uns hat das eine oder andere schon selbst erlebt.

Wenn wir auf solche Begebenheiten dann wütend, verletzt, empört oder verunsichert reagierten, kam nicht etwa Verständnis; im Gegenteil, wenn wir entsprechend Gefühle zeigten, wurden wir ermahnt:

- stell Dich nicht so an
- reiß Dich zusammen
- es gibt Schlimmeres
- die Zeit heilt alle Wunden
- das wird schon wieder
- ein Indianer kennt keinen Schmerz

Deshalb ist es kein Wunder, dass wir auch noch heute so mit uns selbst umgehen. Wir haben diese Art der Handhabung von Emotionen 1:1 übernommen!

Die Auswirkungen tragen wir dann ein Leben lang mit uns herum. Wir hinterfragen deren Inhalt nicht.

Wir haben zwar jetzt gelernt, unsere Glaubenssätze auf der Basis akut belastender Emotionen in Frage zu stellen, dennoch spiegeln sie bei weitem nicht unseren heutigen Wissensstand und Horizont. Wir haben gelernt, damit zu leben und unbewusst ständig dagegen anzukämpfen – und das kostet Kraft – jeden Tag!

Ebenso kennen wir alle auch, dass wir uns in bestimmten Situationen 100 Mal sagen können, welche Lösung die richtige wäre und trotzdem geht der Ärger, Zweifel oder Stress nicht weg.

Wir sind regelrecht blockiert.

Und wie sieht es eigentlich aus mit positiven Emotionen? Welche Erfahrungen haben wir diesbezüglich gemacht?

Welches Feedback haben wir als Kinder erhalten, wenn wir Freude, Begeisterung, Entzücken, Spaß, Vergnügen oder Jubel gezeigt haben?

Wenn wir ehrlich sind, bekamen wir in der Regel auch hier einen Dämpfer und Rückmeldungen wie:

- freu Dich nicht zu früh
- wer weiß, was da noch kommt
- sei nicht so ungezügelt
- komm mal wieder runter
- gib nicht so an
- was bildest Du Dir eigentlich ein
- was glaubst Du eigentlich, wer Du bist...

Mitunter gingen diese Ermahnungen so weit, dass wir uns nicht mehr getraut haben, Freude zu zeigen und dass wir manchmal sogar Angst davor hatten und lieber im Stillen, ganz heimlich ein bisschen gejubelt haben.

Damit war der Grundstein gelegt, selbst positive Emotionen zu unterdrücken, sie auf ein Minimum zu reduzieren, nicht ernst zu nehmen, sie fast als Tabu zu bewerten. Sie haben keine tragende Rolle, sogar fast keinen Platz mehr in unserer Gesellschaft.
Unterschwellig wird uns vermittelt, dass regelrecht ALLE Emotionen lästig, fehlerhaft, nervig und wir schwach und mangelhaft sind, wenn wir sie nach außen hin zeigen.

Das Ergebnis davon ist, dass wir heute eine Wand um uns herum gebaut haben, die dafür sorgt, dass wir die meiste Zeit auf

Autopilot in eine Richtung funktionieren, die mit persönlicher Erfüllung und Freude am Leben nur noch wenig zu tun hat.

Das hat natürlich Folgen:
Wie oft ist Ihnen schon aufgefallen, dass Sie auf Komplimente mit Abwehr reagieren? Dass Sie das Kompliment eher diskreditieren, als es dankend und erhobenen Hauptes anzunehmen?

Ist das nicht eine falsche Bescheidenheit, die den, der das Kompliment macht am Ende sogar beschämt und er einen Rückzieher macht?

Ein anderes Beispiel:
Sie haben etwas entdeckt, das Sie wirklich interessiert und sie fühlen im tiefsten Inneren, dass es Ihnen Spaß machen könnte.
Statt sich von Ihrer Begeisterung mitreißen zu lassen, fangen Sie an, Argumente zu suchen, warum das nichts für Sie sein kann. Sie trauen es sich nicht zu und lassen es lieber, weil Sie zudem auch schon erwarten, dass Sie von anderen eine negative Rückmeldung bekommen könnten.

Aber was wäre,
wenn Sie diese Wand
durchbrechen könnten?

Wenn Sie ein Werkzeug an die Hand bekämen, mit dem Sie täglich dafür sorgen können, dass Sie selbstbestimmt, emotional stabil und gewappnet sind?
Jetzt seien Sie mal ganz ehrlich: können Sie sich 15 Sekunden am Tag Zeit für sich selbst leisten? Oder vielleicht sogar 30?
Nutzen Sie Leerlauf-Zeiten für Ihre Gefühlshygiene!

Wenn Sie dadurch innerlich ausgeglichen sind, in Frieden Ihre Aufgaben erledigen, gelassen neuen Herausforderungen begegnen können, sparen Sie Zeit. Viel Zeit.
Zeit, die bisher mit grübeln, ärgern, hinauszögern, vielleicht sogar Selbstvorwürfen und Herabschätzung vergeudet wurde; in der wir uns wie gefangen fühlen oder die Gedanken sich ständig im Kreis drehen.
Achten Sie einmal darauf, wie oft und wie lange solche Gefühlslagen Ihren Tag vereinnahmen.

Zu oft? Zu lange?

Diese 15-Sekunden Gefühlshygiene könnten Ihre Rettung sein!

Was würde das für Sie bedeuten, wenn Sie ihr persönliches Repertoire an positiven Emotionen auffüllen und damit jeden Tag innerhalb von 15 Sekunden Ihr Emotions-Akku aufladen könnten?

Wenn Sie

- morgens gut gelaunt aufstehen
- mit Freude in genau diesen Tag starten, ob Montag, Mittwoch oder Samstag ist
- souverän und zielsicher Kundengespräche führen
- wenn Sie sich geradewegs wieder lebendig und inspiriert fühlen?

Und wie soll das gehen?

Wir erarbeiten ein Portfolio Ihrer persönlichen Stärken mit dem wir das Fundament legen für die fünf Säulen des sicheren Umgangs mit Ihrer Selbstwahrnehmung.

Das fördert

- eine gesunde Selbstbeziehung, die Sie zu Ihrer eigenen besten Freundin macht
- ein aktualisiertes stabilisierendes Selbstverständnis
- und ein authentisches Selbstbewusstsein, durch das Sie eine vitale, strahlende Präsenz an den Tag legen.

# Der 15-Sekunden Gefühls-Turbo

Die Zeit, in der wir leben, ist nicht mehr die unserer Kindheit, in der Wiederaufbau, Wirtschaftswunder und vor allem Frieden in Europa gesichert war. Die weltlichen Herausforderungen vor die wir heute gestellt sind, in der Geschwindigkeit und Vielfalt, in der sie auftreten, können manchmal überwältigend sein.

Ein bewusster Mensch, der sich dem konfrontiert sieht, hat da alle Hände voll zu tun, die eigene Stabilität und Lebenssicherheit zu erhalten. Einen Lebenssinn zu finden, der die äußeren Umstände mit einbezieht, ist teilweise eine Gratwanderung die unser Gewissen beansprucht und auch eine Herausforderung was die Sinnhaftigkeit des Lebens generell anbelangt.

Unter dieser Prämisse das lebbare Mittelmaß zu finden und sich selbst in der Gesellschaft zu positionieren verlangt starke Charaktereigenschaften. Und genau hierum geht es im 15 Sekunden Gefühls-Turbo.

Sie lernen eine hochpotente, ausgesprochen effektive und doch einfache Formel kennen, die bei täglich nur 15 Sek. Anwendung den Turbo aktiviert für Kraft, Lebensfreude, Motivation, Selbstsicherheit und Gelassenheit.

Wir beziehen dafür den mentalen Bereich mit ein, sprich:

- womit wir uns identifizieren,
- was wir wahrnehmen,
- worin wir Sinnhaftigkeit finden und
- wie wir unser Lebensziel definieren und auch erreichen.

Diesen mentalen Bereich intensivieren und stärken wir mit dem 15-Sekunden Gefühls-Turbo auf eine ganz einfache Weise, indem wir unser Bewusstsein gezielt darauf fokussieren, welche emotionalen Ressourcen wir bereits haben und diese durch tägliche Gefühlshygiene ganz präzise auf- und ausbauen.

Wenn der Turbo einmal installiert ist, sind es tatsächlich nur täglich 15 Sekunden, die Sie zum Kickstart jeden Tag investieren müssen.

Dazu binden wir jetzt eine weitere Komponente ein, eben unseren ganz individuellen Charakter, bestimmte Eigenschaften, Fähigkeiten und Talente, die uns eigen sind und die wir mitgebracht haben.

Bitte beantworten Sie zunächst für sich diese 3 Fragen:

Angenommen Sie hätten ein zuverlässiges, einfach anwendbares Werkzeug, das Ihnen in 15 Sekunden ermöglicht, auf Dauer jeden Tag vital, ausgeglichen, selbstsicher und zufrieden aufzutreten und sie damit entspannt und energiegeladen Ihren Alltag meistern können.

1. Wie würde sich das auf Ihre tägliche Laune und damit Ihre Lebensfreude auswirken?

2. Welche Veränderungen würden sich in Ihrem Alltag einstellen?

3. Was würde es bedeuten in Bezug auf Ihre Sicherheit, (die richtigen) Entscheidungen für sich zu treffen?

Klar ist es heute gesellschaftsüblich, zu wenig Zeit zu haben und wir sind es nicht gewohnt, unsere Charakterbildung bewusst selbst zu steuern. Oder wir glauben, dass unser Charakter bereits fertig ausgebildet ist und sich eh nichts mehr verändert.

Sehen Sie – auch hier holen uns unbewusst übernommene Glaubenssätze ein wie:

- Das Leben/die Umstände sind einfach so.
- Nur Tagträumer glauben an Glück und Selbsterfüllung.
- Ich kann eh nichts erreichen.
- So toll oder wichtig bin ich nun auch wieder nicht.
- So schlecht geht es mir doch nicht.
- Ich kann doch nicht nach den Sternen greifen...

Es ist allgemein bekannt, dass erfolgreiche Hochleistungssportler sogenannte Mentaltrainer haben. Führungskräfte, Manager und Geschäftsinhaber nehmen Coaches in Anspruch, zur Motivation und Beratung für die täglichen Herausforderungen.

Aber wie können wir als einzelner Stress und Probleme bewältigen und uns auf Kurs halten? Welche Techniken gibt es denn, um emotional stabil und voller Elan zu sein und zu bleiben?

Den Grundstein, den alle meine Klienten für die Optimierung ihres mentalen Emotions-Managements erhalten, legen wir für Sie heute in diesem Buch mit dem 15-Sekunden Gefühls-Turbo.

Sie erhalten einen Einblick in die Wechselwirkung zwischen Körper, Geist und Seele – konkret: Wie der Geist durch Kontaktaufnahme mit dem Körper die Verbindung zur eigenen Seele wiederherstellen und beleben kann und damit die Persönlichkeit gestärkt, die Lebensperspektive erweitert und die Lebensfreude aktiviert wird.

Der deutsche Psychologe und Hirnforscher Martin Grunwald hat in seinem Haptik Forschungslabor der Universität Leipzig, in dem das tastende Begreifen erforscht wird, über EEG Messungen herausgefunden, dass Selbstberührung eine automatische, meist unbewusste Reaktion auf Stress ist und als solche den Stress auch tatsächlich messbar herunterregelt.

Im Auszug aus einem Interview mit Dörte Fiedler beschreibt er:

*„Also man kann sich das so vorstellen, als würde unser Organismus immer dann Selbstberührungen auslösen, wenn die Emotionen zu stark werden, sowohl die positiven als auch die negativen."*
*Die minimale Selbstberührung hilft uns dabei, handlungsfähig zu bleiben und nicht nur das, auch das Arbeitsgedächtnis profitiert davon. Denn immer dann, wenn störende Reize von außen auftreten und der Inhalt des Arbeitsgedächtnisses verloren zu gehen droht, wird eine Selbstberührung ausgelöst.*

Das heißt im Umkehrschluss auch, dass, wenn wir uns mit bewusst positiver Absicht berühren, kann unser Arbeitsgedächtnis im Gehirn umso aufnahmefähiger und kooperativer agieren.

Und genau das machen wir uns im 15-Sekunden Gefühls-Turbo zunutze.

## Die zwei Komponenten des 15 Sekunden Gefühls-Turbos

**Die erste Komponente** des Gefühls-Turbos ist also die Selbstberührung, und zwar an einem ganz bestimmten, zentralen Punkt am Körper - der Brustmitte, ca. eine Handbreit unter dem Schlüsselbein.

An dieser Stelle befindet sich die sog. Thymusdrüse, wie sie hier im Bild hervorgehoben ist.

Das Wort Thymus wird aus dem griechischen Wort *thymos* hergeleitet, das „Lebenskraft, Leben, Seele, Gemüt" bedeutet.

Wir nehmen sozusagen mit der Berührung zuerst Kontakt zu unserer Lebenskraft, unserer Seele auf.

Die biologische Aufgabe der Thymusdrüse ist es, das Immunsystem zu bilden. Sie wird auch als Gehirn der körpereigenen Abwehr bezeichnet, in der die sogenannten T-Lymphozyten produziert und sozusagen zu fertigen „Körperpolizisten" ausgebildet werden. Diese T-Zellen bilden eine Gruppe von weißen Blutzellen, die der Immunabwehr dient.
Damit sie diese Aufgabe verrichten können, müssen sie zuerst in der Thymusdrüse "lernen", zwischen körpereigenen und fremden Zellen zu unterscheiden.

Der Arzt, Psychologe und Autor Dr. John Diamond beschreibt weiterhin zu deren Funktion:
(Dr. J. Diamond, Die heilende Kraft der Emotionen, dt. Ausgabe: 1987, S. 43)

*„Die Thymusdrüse reflektiert auch unseren Genesungswillen. Sobald die Thymusdrüse schwach testet, ist daraus zu schließen, dass wir nicht genügend Willen zum Gesundsein haben. Unsere Lebensenergie ist nicht stark genug, um den Heilungsprozess zu ermöglichen..."*

Das dürfte auch der Grund sein, warum manche Menschen jede Grippewelle mitnehmen und manche scheinbar an allen Krankheiten unversehrt vorbeisegeln.

Diamond spricht also von Lebensenergie. Wenn wir müde, abgeschlafft, antriebslos, motivationslos, ausgepowert, gestresst sind, liegt das daran, dass genau diese Lebensenergie nicht mehr auf das Optimum ausgerichtet ist. Sie ist die feinstoffliche Energie, die unsere Muskeln und Organe durchfließt und alle lebenden Zellen durchdringt.

Die Thymusdrüse überwacht den gesamten Energiestrom des Körpers und korrigiert Störungen. Sie gilt als das Bindeglied zwischen Körper und Geist. Sie wird durch die seelische Haltung eines Menschen genauso beeinflusst wie durch Belastungen, die aus Krankheiten oder Gemütsbewegungen herrühren.

Wie also können wir die Thymusdrüse derart aktivieren, dass konkret die Lebensenergie und damit auch Gesundheit, Lebenskraft und Lebensfreude stimuliert und optimiert werden?

---

* Der Arzt Samuel Hahnemann, Begründer der Homöopathie, spricht dabei von Lebenskraft. In anderen Kulturen wird diese Energie Ki, Chi, Mana, Odem oder Prana genannt.

## Die zweite Komponente des 15 Sekunden Gefühls-Turbos

Sie haben vielleicht auch schon mal bei Gorillas gesehen, dass sie genau an dieser Stelle auf der Brust trommeln, um ihre Dominanz und Stärke zu demonstrieren.

Ebenso war der katholischen Kirche die Funktion der Thymusdrüse schon im 11. Jahrhundert bekannt und wurde leider dann eingesetzt, wenn das „mea culpa", das Schuldbekenntnis, gesprochen wurde. Wo es dementsprechend genau das Gegenteil bewirkte, nämlich die Lebenskraft schwächte.

Indem wir bewusst durch das Beklopfen körperlichen Kontakt herstellen und gleichzeitig mentalen Input geben, der eine ganz bestimmte Botschaft übermittelt, wird die Lebenskraft also gestärkt oder geschwächt.
Laut Dr. Diamond aktiviert das Beklopfen die Thymusdrüse, auch ohne, dass Worte dazu gesprochen werden, und sollte idealer Weise im Walzertakt ausgeführt werden. Diese Aktivierung gibt Stärke, unterstützt den Lebenswillen und harmonisiert dabei die Gefühlswelt.

Sie soll also AUSSCHLIESSLICH mit POSITIVEN Absichten und Inhalten beklopft werden.

## Die Affirmationsformel

Im 15 Sekunden Gefühls-Turbo beklopfen wir nun die Thymusdrüse leicht mit den Fingern, einer losen Faust oder der flachen Hand und sprechen gleichzeitig mit betonter innerer Absicht im Silbentakt folgenden heilenden Satz etwa 2 bis 5 Mal:

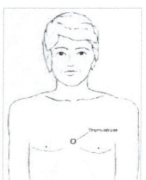

„Ich lie-be und glau-be,
ver-trau-e,
bin dank-bar und mu-tig."

Jetzt denken Sie vielleicht, dass das ja wohl ein Witz sein soll – auf der Brust rumtrommeln und mich selber lobhudeln mit etwas, was ich gar nicht wirklich glaube. Das kann machen wer will, aber ich mach mich doch hier nicht zum Affen!

Das kann ich gut verstehen, mir ging es genauso. Denn wer ist schon damit aufgewachsen, an sich herum zu klopfen und auch noch so etwas über sich zu behaupten? Und das womöglich dann noch laut auszusprechen.
Logisch gesehen war mir persönlich schon klar, dass wenn ich diese Einstellung - mich zu lieben und an mich zu glauben, mir zu vertrauen, dankbar und mutig zu sein - wirklich für mich umsetzen kann, dann kann das nur positive Auswirkungen auf mein Selbstbild, mein Selbstvertrauen und damit auch auf meine Lebensführung haben.
Dazu wollte ich zuerst einmal die Frage beantworten: Warum ausgerechnet diese fünf und was hat es damit auf sich?
Also forschte ich nach und traf auf folgende Informationen, welche ich hier in Kurzform darlege.

## Die fünf Säulen des Thymus-Tapping

**Liebe** im praktischen Erleben ermöglicht Selbstvertrauen und ist identitätsstiftend. Liebe ist wesentlicher Teilaspekt des umfassenderen Selbstwertgefühls, das in einem hohen Maße nicht nur das Selbstbild eines Menschen bestimmt, sondern ist auch Basis eines wertschätzenden Umgangs mit uns selbst und anderen Menschen.

**Glauben** ist das Für-Wahr-Halten eigener Wahrnehmungen, Überzeugungen und Schlussfolgerungen. Dieses Für-Wahr-Halten muss nicht logisch zwingend sein, muss nicht unabdingbar objektiver Begründung standhalten und kann subjektiv sein.

**Vertrauen** bezeichnet die subjektive Überzeugung von (oder auch das Gefühl für oder der Glaube an) die Richtigkeit, Wahrheit von Handlungen, Einsichten und Aussagen bzw. der Redlichkeit von Personen oder Situationen; sowie Zutrauen in die eigenen Fähigkeiten (Selbstvertrauen).

**Dankbarkeit** wurde umfassend in zahlreichen Studien untersucht und zusammengefasst ausgewertet als: ein positives Gefühl oder eine Haltung in Anerkennung einer materiellen oder immateriellen Zuwendung, die man erhalten hat oder erhalten wird.
Die Forschung zeigt, dass Menschen, die dankbarer sind, sich subjektiv besser fühlen. Dankbare Menschen sind glücklicher, weniger depressiv, weniger unter Stress und zufriedener mit ihrem Leben und ihren sozialen Beziehungen. Dankbare Menschen haben auch ihre Umgebung, ihr persönliches Wachstum, ihren Lebenssinn und ihr Selbstwertgefühl besser unter Kontrolle.

**Mut** auch Wagemut oder Beherztheit bedeutet, dass man sich traut und fähig ist, etwas zu wagen; eine Charaktereigenschaft,

die befähigt, sich gegen Widerstand und Gefahren für eine als richtig und notwendig erkannte Sache einzusetzen.
Damit hatte ich eine wesentlich bessere Vorstellung, welche Wichtigkeit und Auswirkungen diese fünf Ressourcen in meinem täglichen Leben haben werden und meine Überzeugung stieg beträchtlich, dass es der Mühe wert ist, wenn ich dies gezielt in meinem Alltag in Kraft setze.
Demnach war die nächste Frage: Wie kann ich erreichen, diese fünf Kompetenzen stärker in mein Leben zu integrieren, wie kann ich sie weiter ausbauen und vor allen Dingen, wie kann ich sie dann auch fühlen?

**Und so entstand die Thymusliste**

|  | An mir |  | An meiner Umwelt |  |  |
|---|---|---|---|---|---|
| Ich liebe |  |  |  |  |  |
|  |  |  |  |  |  |
| Ich glaube |  |  |  |  |  |
|  |  |  |  |  |  |
| Ich vertraue |  |  |  |  |  |
|  |  |  |  |  |  |
| Ich bin dankbar |  |  |  |  |  |
|  |  |  |  |  |  |
| Ich bin mutig |  |  |  |  |  |
|  |  |  |  |  |  |

Bevor Sie jedoch die Liste ausfüllen möchte ich zuerst genauer darauf eingehen, wie Sie sie sinnvoll und gewinnbringend für sich gestalten. Diese Hintergrundinformationen sind deshalb relevant, weil das Gehirn über das Verständnis aufnahmefähiger ist und vor allem damit gleichzeitig neue neuronale Verbindungen im Gehirn entstehen (s.S. 21).
Je besser das rationale Verständnis, desto stabiler und anhaltender diese Neuronen-Verbindungen.

Durch die tägliche 15-Sekunden Anwendung, sprich, durch Wiederholung verankert sich dann ein neues Neuronen-Netzwerk und wird zur Gewohnheit und schlussendlich zur Selbstverständlichkeit. Und genau da wollen wir hin.

Im weiteren Verlauf besprechen wir jetzt, wie wir die Thymusliste bestücken, wie wir uns an diese Komponenten herantasten können, sodass die eigene Glaubhaftigkeit fundiert wird und wie sie variabel auf Ihre persönlichen Voraussetzungen abgestimmt werden kann.

**Die Thymusliste bestücken I**

Zuerst geht es darum, dass wir für alle fünf Säulen konkrete Inhalte finden, was spezifisch wir an uns selbst und unserer Umwelt lieben, glauben, vertrauen, für was wir dankbar und mutig sind.

Nachdem ich das Thymus-Tapping einige Zeit alleine nur mit diesem Satz gemacht hatte und keine herausragenden Veränderungen feststellen konnte, wurde mir klar, dass ich selbst darin eine Rolle spielen musste.

Das war der Schlüssel, der die Tür zu meiner heute tief empfundenen, herzlichen und soliden Selbstbeziehung geöffnet hat.

**Wie das Gehirn reagiert**

Denn mit dem Aussprechen dieser Sätze, z.B.: „ich liebe meine Herzlichkeit" passiert folgendes: Sie hören sich selbst sagen, dass sie das an sich lieben und bestätigen mit dieser Aussage die Absicht, dass sie das dürfen, wollen und können.

Auf diese Aussage reagiert Ihr Gehirn. Es registriert diese Absicht, interpretiert sie als Genehmigung, etwas GUTES für sich anzunehmen und schüttet deshalb auch die entsprechenden Hormone aus wie:

| | |
|---|---|
| Dopamine | Freude, Begeisterung, Lust, Motivation, Belohnung, Erhaltung |
| Oxytozine | Kuschelhormon, Neurotransmitter, Wundheiler, beruhigend, deeskalierend, entspannend und |
| Endorphine | ein vom Körper selbst produziertes Opioid, u.a. ein Schmerzstiller. |

Diese Hormone lösen mit der Zeit automatisch die entsprechenden Gefühle aus und aktivieren weitere Botenstoffe, die die Revitalisierung und Zellerneuerung anregen.

Die bereits erwähnten neuronalen Vernetzungen im Gehirn bilden sich weiter aus und damit programmieren Sie sich selbst bewusst auf mehr Gesundheit, Selbstvertrauen und Selbstsicherheit.

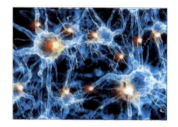

Je ausführlicher Sie also die Thymusliste bestücken, desto klarer werden die Ansagen an Ihr Gehirn, desto größer werden die neuen Neuronen-Felder, die Ihre Lebenskraft steigern.
Diese Neuronen-Felder stabilisieren sich automatisch durch Wiederholung – je öfter Sie den Turbo einschalten, desto umfangreicher werden die Neuronen-Felder, desto vertrauter und damit fühlbarer werden die Emotionen.

Wundern Sie sich also nicht, wenn Sie im Moment Liebe, Glauben, Vertrauen, Dankbarkeit und Mut aus Ihrer Liste noch nicht fühlen können. Genau das war ja wie gesagt der Grund, warum ich diese Thymusliste überhaupt entwickelt habe. Ich konnte nicht fühlen, dass ich etwas an mir oder mich selbst lieben kann. Ich wusste einfach nicht wie.

**Wie wir ins „Fühlen" kommen**

Die nächste Frage, die ich mir diesbezüglich gestellt hatte war also: Wie fühlt sich Liebe denn eigentlich konkret an?

Dazu wurde mir über die Liebe im Außen, also meiner Umwelt, bewusst, dass sich nicht jede Liebe gleich anfühlt.
Die Liebe zu meinem Lebenspartner hat sich anders angefühlt, als die Liebe zu meinem Sohn. Die Liebe zur Natur war wieder anders,

als die Liebe zu meinen Tieren. Die Liebe zu meinen Eltern anders, als zu meinen Freunden.

Für mich persönlich war die Liebe zur Natur der beste Vergleichspunkt, da ich dort keine Gefühlsschwankungen hatte. Sie ist immer gleich und variiert nur in der Intensität; je nachdem ob ich gerade in der Natur bin oder aus dem Fenster schaue. Und: meine Liebe zur Natur ist auch immer abrufbar.

Nun verstand ich, dass die Liebe zu mir selbst auch eine eigene Qualität haben wird und habe mich über die Wahrnehmung und Untersuchung der verschiedenen Liebes-Gefühlsqualitäten langsam herangetastet an die Qualität der Liebe zu mir selbst.

Mir wurde bewusst, dass es einfacher sein wird, wenn ich ganz bestimmte Dinge, die ich an mir mag ins Auge fasse.

Statt direkt einfach nur zu sagen „ich liebe mich", zog ich in Erwägung, dass es ja schon Talente, Fähigkeiten, Kompetenzen, Eigenschaften, Körper- und Charaktermerkmale an mir gibt, die ich gutheißen, über die ich mich freuen und sogar manche, auf die ich auch stolz sein kann.

Damit habe ich dann meine Thymusliste bestückt und gespürt, dass ich zunehmend leichter Zugang zu mir und meinen positiven Seiten bekam.

Nehmen Sie sich die Zeit, einmal selbst hinein zu fühlen, welchen Unterschied Sie bemerken in der Liebe zu Ihrer Familie, Freunden und vielleicht auch zur Natur. Ich fand das sehr interessant. Vor allem in Hinsicht darauf, dass ich ja lernen wollte, mich selbst zu lieben.

Diese Vorgehensweise habe ich dann auf die restlichen vier Komponenten übertragen und nach täglicher Anwendung und freizügiger Improvisation des Thymus-Tapping war es bald so weit, dass ich alle fünf Bereiche stabil in mir angelegt hatte und sie heute jederzeit über den Gefühls-Turbo abrufbar sind.

Eine Auswahl an Varianten für das Thymus-Tapping finden Sie ab S. 50

Es war also viel Neugierde und Interesse meinerseits vorhanden herauszufinden, ob es wirklich einen Unterschied geben wird, wenn ich diesen Satz spreche und dabei an der Thymusdrüse klopfe oder manchmal einfach nur die Hand auflege, jetzt da ich die Thymusliste ausgefüllt hatte.
Die Veränderungen in mir, die diese neue tägliche Gefühlshygiene bewirkt hat, sind unbeschreiblich.

Ich war selbst überrascht, dass ich bereits nach ein paar Tagen feststellen konnte, dass ich generell bessere Laune hatte und irgendwie auch optimistischer an meine täglichen Aufgaben heranging.

Die Veränderungen nach ein paar Wochen waren umso drastischer

- Meine Selbstbeziehung hat sich um 180° gedreht – heute kann ich voll und ganz hinter mir, meinen Entscheidungen, meiner Lebensweise und meinen Einstellungen stehen und sie auch vertreten.

- Ich kann mit Leichtigkeit Entscheidungen für mich treffen, ohne ständig zu zweifeln, mich nicht zu trauen oder Ausreden zu erfinden, warum alles so bleiben sollte wie es ist.

- Im Umgang mit anderen Menschen fühle ich mich sicher, Selbstbewusst und kann mich in schwierigen und auch unerwarteten Situationen behaupten.

- In beruflicher Hinsicht kann ich mit Gesprächspartnern auf Augenhöhe umgehen und meine Position souverän vortragen und vertreten.

- Insgesamt ist es einfach so, dass ich mithilfe dieses einfachen 15-sek.-Gefühls-Turbos eine wunderbare Selbstbeziehung erlangt habe, mit der mein Leben wirklich ein selbstbestimmtes inspiriertes Abenteuer geworden ist.

Für den Fall, dass in Ihnen jetzt noch eine Blockade, ein Widerstand oder sogar ein Verbot angelegt ist, dass Sie das weder denken noch fühlen dürfen, sind auf Seite 44 Alternativen, wie Sie diese geschickt abbauen können.

Wichtig ist, dass Sie die Erkenntnis gewinnen, dass Sie – genauso wie Sie regelmäßig Ihre Zähne putzen, den Körper reinlich halten, Ihr Zuhause sauber machen, Ihr Auto wienern und die Kleidung pflegen – auch der Gefühlshygiene einen festen, permanenten Platz in Ihrem täglichen Leben verankern.

Und das demnächst in täglich 15-Sekunden - schneller und effektiver geht es nicht!

**Die Thymusliste bestücken II**

Fangen wir also an, die Liste zu bestücken. Sie sehen in der ersten Spalte die erste Fähigkeit: ich liebe. Rechts daneben steht in der Überschrift „an mir" - und in dieser Spalte tragen Sie ein, welche Charakter- oder Körpermerkmale, Eigenschaften, Fähigkeiten, Kompetenzen oder Talente sie an sich entweder schon lieben oder jetzt entscheiden, dass Sie das fortan auch an sich lieben möchten.

Eine Auflistung mit über 400 Beispielen, aus der Sie ganz sicher auch etwas für Sie Zutreffendes finden können, finden Sie auf Seite 99.

## Beispiele für Liebe

Da wir es nicht gewohnt sind, etwas an uns zu lieben und schon gar nicht, das offen - selbst vor uns – zuzugeben, seien Sie unbesorgt; wenn Ihnen dazu erst mal gar nichts einfällt, Sie nicht wirklich ein Gefühl der Liebe für sich empfinden oder sogar etwas in Ihnen sich dagegen wehrt und Argumente findet, warum Sie das nicht dürfen, können, wollen.

Das wäre ein eindeutiges Zeichen dafür, dass gerade für Sie diese Übung der täglichen Gefühlshygiene essenziell dazu beitragen kann, dass Sie eine gesunde Selbstbeziehung und eine stärkende Lebenshaltung erlangen.

Unsere Beispiele für die Spalte Liebe „an mir" sind: meinen Sinn für Humor, meine Offenheit, meine Zuverlässigkeit

|  | An mir | Ort | Farbe | An meiner Umwelt | Ort | Farbe |
|---|---|---|---|---|---|---|
| Ich liebe... | meinen Sinn für Humor |  |  | meinen Mann |  |  |
|  | meine Offenheit |  |  | meine Katze |  |  |
|  | meine Zuverlässigkeit |  |  | meinen Garten |  |  |

Weitere Beispiele finden Sie auf S.103

In der 5. Spalte sehen Sie in der Überschrift: „an meiner Umwelt". Diese Spalte ist sozusagen das Sicherheitsnetz, für den Fall, dass Sie an einem Tag schwer Zugang zu sich selbst haben, gerade in einem Tief stecken oder sich selbst nicht leiden können. Dann können Sie hiermit dennoch Zugang zu dem Gefühl Liebe bekommen.

Unsere Beispiele hierfür sind: meinen Mann, meine Katze, meinen Garten - eben Dinge im Außen, die Ihnen am Herzen liegen und für die das Gefühl Liebe bereits präsent ist; Sie das leichter fühlen und wahrnehmen können.
Jetzt haben Sie sich sicher schon gewundert, was es mit den anderen beiden Spalten auf sich hat, nämlich Ort und Farbe.

Da Gefühle nicht greifbar, sichtbar oder konkret sind, erleichtern wir es jetzt unserem Gehirn, zusätzliche Neuronen-Verbindungen herzustellen, indem wir Ihnen einen Ort und eine Farbe zuweisen.

Sie können zunächst einmal, wenn Sie das Gefühl benannt haben, z.B. ich liebe meinen Sinn für Humor, prüfen ob Sie eine körperliche Resonanz spüren, wie z.b. ein Kribbeln im Bauch oder eine Leichtigkeit in der Brust. Dann wären also für den Ort Bauch oder Brust oder vielleicht sogar beides einzutragen.

Wenn Sie keine Resonanz bekommen, dann entscheiden Sie spontan selbst, wo Sie jetzt gerade die Liebe zu Ihrem Humor hinsetzen möchten; Sie bestimmen also selbst, an welchem Ort Sie dies beheimaten möchten.

|  | An mir | Ort | Farbe | An meiner Umwelt | Ort | Farbe |
|---|---|---|---|---|---|---|
| Ich liebe... | meinen Sinn für Humor | Bauch |  | meinen Mann | Brust |  |
|  | meine Offenheit | Herz |  | meine Katze | Bauch |  |
|  | meine Zuverlässigkeit | Kopf |  | meinen Garten | Hals |  |

Genauso tun Sie das anschließend auch mit der Farbe. Geben Sie sich einen Moment Zeit und sehen Sie nach innen, ob Sie wie in unserem Beispiel im Bauch oder in der Brust zusätzlich eine Farbe für Ihren Humor wahrnehmen. Wenn ja, tragen Sie diese Farbe in die Liste ein.

Wenn nicht, entscheiden Sie wieder spontan, welche Farbe sie ihm gerne geben würden und tragen diese Farbe in die Liste ein.

|  | An mir | Ort | Farbe | An meiner Umwelt | Ort | Farbe |
|---|---|---|---|---|---|---|
| Ich liebe... | meinen Sinn für Humor | Bauch | Gelb | meinen Mann | Brust | Grün |
|  | meine Offenheit | Herz | Lila | meine Katze | Bauch | Gelb |
|  | meine Zuverlässigkeit | Kopf | Blau | meinen Garten | Hals | Rosa |

In der Praxis stellte ich bei mir fest, dass Ort und Farbe ständig wechseln. Manchmal spüre ich die Liebe zu meinem Sohn im Herzen, dann wieder in der Brust und manchmal auch im Kopf.

Die Farben sind noch wechselhafter, manchmal sind es auch mehrere Farben und manchmal sogar ein Regenbogen. Auch schwarz und weiß können hier als Farbe empfunden werden. Machen Sie das ganz frei und unkompliziert - wie es Ihnen gerade in den Sinn kommt.

Wenn Ihnen diese Verknüpfungen gar nicht liegen, dann lassen Sie Ort und Farbe aus und konzentrieren sich einfach nur auf die Absicht, dass diese fünf Kompetenzen ab jetzt in Ihnen eine Wertigkeit bekommen.

Die Thymus-Liste ist nicht statisch. Sie soll Ihnen ein Hilfsmittel sein, wie Sie diese fünf Fähigkeiten so in sich ausbauen können, dass Sie den Gefühls-Turbo ab sofort morgens - am besten noch wenn Sie im Bett liegen, unter der Dusche oder auf dem Weg zur Arbeit - einsetzen, um höchstmögliche Stabilität und Selbstsicherheit mit in den Tag zu nehmen
... und den Sie in Zukunft auch in jeder Lebenssituation einschalten können, die Sie aus Ihrem inneren Gleichgewicht gebracht hat.

Ob Sie nun gerade einen Schock erlebt haben, weil Ihnen jemand die Vorfahrt genommen hat und Sie fast einen Unfall gebaut hätten; ob Sie eine heftige Auseinandersetzung mit Ihrem Chef oder  Auftraggeber hatten oder Ihr Kind Ihnen Sorgen macht – der Gefühls-Turbo kann auch immer dann ein rettender stabilisierender Helfer sein, wenn Sie in Gefahr kommen, die Fassung zu verlieren oder Ihnen der Boden unter den Füßen wegzugleiten droht.

In diesen Fällen können Sie auch auf das kreative Thymus-Tapping auf S. 51 zurückgreifen.

Wie wir jetzt wissen, wirkt auf der einen Seite die Selbstberührung bereits Stress lindernd und auf der anderen Seite die Rückversicherung, dass wir wertvolle Ressourcen wie Liebe, Glauben, Vertrauen, Dankbarkeit und Mut besitzen, die uns alle Voraussetzungen liefern, um uns dem Leben solide zu stellen.

Das Gehirn ist uns ein zuverlässiger Diener und wird auf die neuen neuronalen Vernetzungen zurückgreifen, wenn Sie in solchen Situationen den 15 Sekunden Gefühls-Turbo einschalten.

Probieren Sie es einfach mal ein paar Wochen aus und sehen, welche Veränderungen sich bei Ihnen einstellen.

Ich selbst spürte mit der Zeit förmlich, wie sich das Neuronen-Netz in meinem Gehirn stabilisiert und vergrößert hat und sofort anschlägt, sobald ich meine Thymusdrüse berühre.

**Beispiele für Glauben:**

Schauen wir uns als nächstes den Glauben an.

Wir haben ja schon im ersten Kapitel besprochen, wie Glaubenssätze entstehen und welche Auswirkungen sie haben. Dort haben wir uns die meist unbewusste Entstehung von negativen Glaubenssätzen näher angesehen. Heute widmen wir uns den positiven Glaubenssätzen, denn:

**In die Thymusliste tragen Sie ausschließlich positive Dinge ein! Die Worte „nicht", „ohne", „kein" oder negative Worte oder Inhalte dürfen hier nicht vorkommen.**

Also: Was glauben Sie ist gut an Ihnen? Woran glauben Sie in Bezug auf sich selbst?

Auch hier finden Sie auf Seite 105 eine Menge Beispiele.

Es geht beim Thymus-Tapping ausschließlich um positive Glaubenssätze über uns und die Welt. Beim Finden Ihrer eigenen positiven Glaubenssätze können Sie direkt auf Ihr konkretes Leben zurückgreifen, Ihre eigenen Erfahrungen, die Sie mit sich selbst gemacht haben und denen Sie womöglich noch nie wirklich Anerkennung gezollt haben.

|  | An mir |  | An meiner Umwelt |  |
|---|---|---|---|---|
| Ich glaube, dass | ich meine Ziele erreichen kann |  | dass meine Familie zusammenhält |  |
|  | ich andere motivieren kann |  | dass die Natur mir guttut |  |
|  | ich intelligent bin |  | an eine schöpferische, kreative Intelligenz/ Gott |  |

Wenn Sie z.B. schon mal eine Prüfung bestanden haben, dann heißt das, dass Sie ein Ziel erreicht haben und sie getrost glauben können, dass Sie auch weitere Ziele erreichen können.
Dabei spielt es keine Rolle, ob das Ziel in der Vergangenheit viel Mühe gekostet hat oder anstrengend war – das Ergebnis, sprich die bestandene Prüfung, bzw. Ihr Glaube daran hat Sie an ihr damaliges Ziel gebracht!

Wenn Sie immer wieder von Kollegen/Familie und Freunden hören, dass Sie sie motiviert haben, können Sie auch daran glauben, dass das so ist. Möglicherweise macht es Ihnen ja auch besonders Spaß, andere zu motivieren. Dies zu unterschätzen oder zu banalisieren, weil wir konditioniert sind, Gutes an uns abzuwerten, wäre ein großer Fehler. Es bringt anderen doch Freude, Inspiration, ein Gefühl der Zusammengehörigkeit, Sinnhaftigkeit. Es ist wahrlich eine wertvolle Charaktereigenschaft, auf die Sie stolz sein und an die Sie auch glauben dürfen.

Oder Sie glauben z.B., dass Sie intelligent sind. Das bringt viele Vorteile mit sich, wenn man weiß und auch daran glaubt, dass die eigene Intelligenz mitunter dazu führt, kreativ mit Herausforderungen im Leben umgehen zu können. Sie ist eine sehr wertvolle Ressource, denen die meisten Menschen keine Beachtung oder Wertschätzung geben, die aber - wenn es darauf ankommt – maßgeblich zu einer sinnvollen Lebensführung beiträgt.

Der Glaube an den Zusammenhalt in der Familie gibt z.B. Sicherheit und Geborgenheit, wenn schwierige Situationen auftauchen.
Der Glaube an die Natur ermöglicht eine Verbundenheit mit dem Leben generell und Vertrauen, dass wir einen Platz in dieser Welt haben.

Der Glaube an die schöpferische Energie, die kreative Intelligenz, die in allen Lebewesen vorhanden ist, die selbst Max Planck am Ende seiner Forschungen als Informationsfeld und schließlich Gott betitelt hat, gibt uns einen Bezug zum ‚Großen Ganzen', in das wir eingebunden sind.

Je mehr positive Glaubenssätze Sie finden, desto stabiler fühlen Sie sich im täglichen Leben, denn das tägliche Leben bringt uns unzählige Situationen, in denen wir auf unser tiefstes Inneres zurückgreifen.

Und dieses tiefste Innere wird eben nicht nur aus dem unbewussten gespeist, sondern über unser bewusstes erwachsenes Bewusstsein können wir anhand der Thymusliste selbst bestimmen, von welchen Glaubenssätzen wir uns leiten lassen, welchen wir Priorität geben und welche wir neu überholen oder komplett löschen, weil sie nicht mehr unserem heutigen Entwicklungsstand entsprechen.

Auch hier finden oder geben Sie jetzt den Glaubenssätzen Ihrer Liste einen Ort und eine Farbe als mentale Stütze für Ihr Gehirn, diese zu verinnerlichen und zu verankern.

**Beispiele Vertrauen**

Machen wir weiter mit Vertrauen. Vertrauen bezeichnet die subjektive Überzeugung von der Richtigkeit, Wahrheit von Handlungen, Einsichten und Aussagen bzw. der eigenen Redlichkeit und der von anderen Personen oder Situationen.

In welcher Hinsicht haben Sie Vertrauen in sich?

|  | An mir |  |  | An meiner Umwelt |  |  |
|---|---|---|---|---|---|---|
| Ich vertraue, dass | meiner Lernfähigkeit |  |  | mein Mann hinter mir steht |  |  |
|  | ich gut für mich sorgen kann |  |  | meine Familie für mich da ist |  |  |
|  | meinem Instinkt |  |  | hinter jeder Erfahrung etwas Positives steckt |  |  |

z.B.: Wenn Sie in Ihre Lernfähigkeit vertrauen können, wissen Sie, dass jede Herausforderung ein neues Lernfeld ist, das Ihnen neue Erkenntnisse bringt. Diese Erkenntnisse stärken Ihren Charakter und stehen Ihnen von nun ab für Ihre weitere Lebensführung zur Verfügung. Je mehr Sie lernen, desto leichter fällt Ihnen das Leben, desto sicherer können Sie auf Ihrem Lebensweg voranschreiten.

Zu wissen, dass Sie gut für sich sorgen, bedeutet, dass Sie Verantwortung für sich übernommen haben. Dass Sie in Ihrem Erwachsensein angekommen sind und diese Verantwortung auch tragen können. Daraus entwickelt sich eine Gelassenheit, die Ihnen die Leichtigkeit des Lebens vermittelt. Damit verringert sich die Wahrscheinlichkeit, dass Sie in Stress und Hektik verfallen.

Ihrem Instinkt zu vertrauen ist ein direkter Weg zu Ihrer Seele. Diese den meisten unbekannte Komponente unseres menschlichen Seins, die doch die Quelle ist für alles, was wir im Leben unternehmen. Die Verbundenheit mit dieser Quelle hilft Ihnen, Ihre wahre Lebensaufgabe zu entschlüsseln. Wir sind nun mal leider weder mit Handbuch, noch mit Betriebsanleitung auf diese Welt gekommen. Es liegt an uns, ob wir unserem Leben einen Sinn geben oder nur funktionieren. In der Verbindung mit der eigenen Seele haben wir die Chance, den individuellen Sinn herauszufinden.

Vertrauen bzgl. der Umwelt, dass z.B. mein Mann hinter mir steht, ich durch ihn eine Art Rückendeckung habe, kann dann stabilisierend sein, wenn man einen schwachen Moment hat und sich neu orientieren möchte.

Dass die Familie für einen da ist gibt ein Gefühl von Zugehörigkeit und Gemeinschaft. Wir Menschen sind in der Regel Herdentiere. In der frühen Geschichte der Menschheit, in der die Natur unsere Existenz täglich auf die Probe gestellt hat, war unser Leben davon abhängig, in der Gemeinschaft einen anerkannten Platz zu haben. Viele Menschen sind heute vereinsamt, da es in unseren Regionen mittlerweile weder wilde Tiere, noch klimabedingte Lebensbedrohungen gibt. Dennoch ist es ein großes Geschenk und eine äußerst wertvolle Ressource, wenn wir unser Bewusstsein darauf lenken, dass wir auf die Familie zurückgreifen können.

Zu vertrauen, dass hinter jeder Erfahrung etwas Positives steckt kann natürlich erst dann stattfinden, wenn Sie die Erfahrung auch ausgewertet – das Positive gefunden - haben. Wenn Sie darauf bestehen, dass es nichts Positives daran gibt, halten Sie sich absichtlich in einer Sackgasse gefangen. Hinter jedem noch so katastrophalen Ereignis sind geheime Schätze verborgen, die es auszugraben gilt. Zynismus ist hier nicht angebracht. Es geht darum, das Leben und den eigenen Platz im Leben zu erkennen.

Das Leben bringt gewisse Gesetzmäßigkeiten, denen sich niemand entziehen kann. Dazu gehört, dass wir in einer dualen, materiellen Welt leben. Einzig der Geist ist frei davon. Es gibt in der materiellen Welt für alles ein Gegenstück: Tag/Nacht, kalt/warm, schön/hässlich, gefangen/frei, lieb/böse, oben/unten, hart/weich, fleißig/faul... Erst anhand der Gegensätze können wir überhaupt das eine vom anderen unterscheiden und ermessen, wie intensiv das jeweilige ist. Ohne das Eine gibt es das Andere nicht.

Die goldene Mitte ist in vielen Kulturen ein angestrebtes Ziel und sicher auch im individuellen Leben erstrebenswert. Allerdings habe ich die Erfahrung gemacht, dass in dem Maße, in dem ich das Eine kennengelernt habe, erfahre ich auch das Andere.

Eben genau aus dem Grunde, da der Vergleich ein Maßstab geworden ist. Jedes Leid, das ich durchlebt habe, wurde mir im weiteren Verlauf meines Lebens aufgewogen durch die Freude, die ich danach erfahren durfte. Und zwar durch mein Bewusstsein über die Tiefe des Leids. Hätte ich nicht so sehr gelitten, wäre ich heute nicht in der Lage, der Freude so viel Wert beizumessen.

Finden Sie den Wert, in den Aspekten, denen Sie in sich und in Ihrer Umwelt Vertrauen schenken.

Vertrauen hilft uns, eine innere Basis zu schaffen, die uns Halt und Sicherheit gibt, wenn wir in neuen Situationen sind oder Durchhaltevermögen brauchen. Wenn wir Vertrauen haben, fühlen wir uns geborgen und gewappnet.
Wenn Sie etwas in Ihrem Umfeld haben, in das Sie vertrauen können, können Sie sich darauf verlassen und auf eine Verbundenheit zählen, die Ihnen Stabilität gibt in dieser doch so vielfältigen und wechselhaften Welt.
Sie sehen, Vertrauen als ständigen Begleiter zu haben, gibt Ihnen Stärke und Rückgrat für alle Herausforderungen, die der Tag so mit sich bringt.

Weitere Beispiele auf S. 107


## Beispiele für Dankbarkeit

Nun zur Dankbarkeit. Wir haben ja bereits erfahren, dass dankbare Menschen glücklicher, weniger depressiv, weniger unter Stress und zufriedener mit ihrem Leben und ihren sozialen Beziehungen sind.

Wofür sind Sie dankbar?

| | An mir | | | An meiner Umwelt | | |
|---|---|---|---|---|---|---|
| Ich bin dankbar, dass | ich gesund bin | | | ich in einem freien Land lebe | | |
| | ich ein erfüllendes Hobby habe | | | für mein schönes zu Hause | | |
| | für mein Organisationstalent | | | für meine Familie | | |

Also ich bin dankbar für unzählige Dinge an mir und auch an meiner Umwelt. Für mich persönlich heißt Dankbarkeit besonders, die bewusste Wahrnehmung, Fokussierung und Anerkennung des Guten im Leben.

Das kann z.B. einfach nur die Dankbarkeit für Ihre Gesundheit sein oder dass Sie ein Hobby haben, das Ihnen Spaß macht oder auch dass Sie Organisationstalent haben, das Ihnen viel Zeit frei macht und die daraus folgende Ordnung Ihnen innere Ruhe ermöglicht.

Diese Art von Dankbarkeit bringt auch gleichzeitig Freude und Wertschätzung mit sich - was dem täglichen Leben einen Hauch von Magie geben kann, die die Ernsthaftigkeit relativiert und mit der Zeit immer mehr verdeutlicht, dass das Leben ein Geschenk ist und nicht erkämpft werden muss.

Gerade die Dankbarkeit für die vielen, vielen kleinen Dinge, die wir gerne als selbstverständlich „übersehen", kann uns die Leichtigkeit des Lebens wieder näherbringen.
Da wir keine Lob-Gesellschaft sind und meist nur dann Beachtung finden, wenn wir übermäßig Anstrengung aufbringen, hat sich unterschwellig Anstrengung als besonders wertvoll etabliert. So entstand eine Gewohnheit, alles was anstrengend ist, in den Vordergrund zu rücken. Es dominiert gerne unsere Gedanken und

damit unsere Gefühle und je länger wir dies praktizieren, desto öfter wird es auf die komplette Lebenserfahrung übertragen. Und auf einmal ist dann das Leben anstrengend.
Drehen Sie den Spieß wieder um! Ich verspreche Ihnen, dadurch wird sich nichts an Ihrer Intelligenz, Leistungsfähigkeit und Wertigkeit ändern. Im Gegenteil!

Auch was das Lebensumfeld anbelangt, gibt es unzählige Dinge, für die man dankbar sein kann.

Was heutzutage z.B. nicht mehr so selbstverständlich ist wie es in meiner Jugend noch war, ist, dass wir in einem freien Land und in Frieden leben.
Oder einfach nur die Dankbarkeit, ein schönes zu Hause zu haben, in dem ich mich geborgen fühle und meine Familie, die mich liebt und für mich da ist; wir zusammenhalten, wenn Not am Mann ist und auch gegenseitige Erfolge feiern können.
Das faszinierende an der Dankbarkeit ist, dass sie a) Ihnen gleichzeitig ein Gefühl von Glück vermitteln kann und b) dass, je mehr Sie sie praktizieren, desto mehr dessen, wofür Sie dankbar sind, bekommen Sie.
Es lohnt sich, Dankbarkeit zu praktizieren, wann immer es nur geht, denn außerdem haben die vielen Studien ja auch belegt, dass dankbare Menschen ihre Umgebung, ihr persönliches Wachstum, ihren Lebenssinn und ihr Selbstwertgefühl besser unter Kontrolle haben.

Hier tragen Sie ebenso wieder Farbe und Ort ein, um Ihrem Gehirn mehr Substanz für die neuen neuronalen Vernetzungen zu liefern.

Weitere Beispiele auf S. 108

**Beispiele für Mut**

Und jetzt die letzte Komponente unseres 15-Sekunden Gefühls-Turbos, der Mut, sprich: dass man sich zutraut und fähig ist, etwas zu wagen, das außerhalb der gewohnten Komfortzone liegt.

Generell mag man meinen, dass Mut nicht gerade etwas ist, das wir mit unserem täglichen Leben in Verbindung bringen, außer wir befinden uns in einem permanenten Konflikt oder in einer länger anhaltenden bedrohlichen Situation wie Gewalt, Krieg, Mobbing, oder dergleichen.

In Seminaren werde ich deshalb oft darauf angesprochen, was denn mit Mut gemeint ist.

Mut erfordert Wertbewusstsein, eigenständiges Denken, charakterliche Stärke und Durchsetzungsvermögen und hat die Funktion des Antriebsfaktors. Mut möchte, dass wir eine Hürde überwinden, die wir als notwendig, relevant oder lohnenswert einstufen.

Sie können hier auch auf vergangene Erfahrungen zurückgreifen, denn diese Sparte ist deshalb in der Thymusliste enthalten, damit wir uns dessen bewusst werden, dass wir Mut bereits als ständigen Begleiter in uns tragen und ihn dann sofort abrufen können, wenn er gebraucht wird.

Wann im Leben haben Sie schon einmal Mut bewiesen?

|  | An mir |  |  | An meiner Umwelt |  |
|---|---|---|---|---|---|
| Ich bin mutig | meine Meinung zu äußern |  |  | eine Rede zur Hochzeit meiner Freundin zu halten |  |
|  | alleine in Urlaub zu fahren |  |  | die Anmache meines Kollegen zu unterbinden |  |
|  | meine Ziele zu verwirklichen |  |  | an der Prüfung teilzunehmen |  |

Denn ja, in den zuvor genannten Situationen braucht man extrem viel Mut, aber es gibt auch weniger dramatische Situationen, in denen wir Mut aufbringen, wie z.B.: wenn wir unsere Meinung ehrlich äußern, auch wenn alle anderen um uns herum eine andere Meinung haben oder uns signalisieren, dass die eigene Meinung eventuell zu unliebsamen Konfrontationen führen kann.

Bei diesem Mut handelt es sich nicht um offensichtlich lebensbedrohliche Situationen, aber dennoch entscheidet das Resultat wie wir uns im Leben positionieren.

Alleine in Urlaub zu fahren oder die eigenen Ziele zu verwirklichen kann ein mutiger Akt sein, der entscheidet, ob wir uns der Welt öffnen, bereit sind, uns neuen Erfahrungen zu stellen, obwohl die derzeitige Situation oder auch wieder die Meinung anderer gegensätzlich ist oder nicht.
Eine Rede zur Hochzeit der Freundin zu halten, ist für viele eine enorme Herausforderung. Nur die Verbundenheit und Liebe zur Freundin liefert die Kraft und Motivation, das zu vollbringen. Aber wenn es dann getan ist, kommt die Belohnung in Form von Anerkennung und Dankbarkeit der Freundin und der Gäste.
Die Anmache eines Kollegen abzuwehren oder dem Chef zu melden bedarf ebenfalls Mut, der letzten Endes die eigene Charakterstärke untermauert, das Selbstbewusstsein steigert und anderen ein Vorbild sein kann.
Wenn man Prüfungsangst hat, ist Mut ein entscheidender Faktor, ob man die Prüfung antritt und damit einen weiteren Meilenstein im Leben erreicht oder nicht.

Je mehr Wertschätzung Sie dafür bekommen, dass Sie bereits schon viele mutige Akte vollbracht haben, desto besser erkennen Sie, dass Sie das Leben mit Vertrauen in sich angehen können und auch für neu anstehende Herausforderungen den Mut aufbringen können.

Bei Mut ist es etwas schwieriger zu unterscheiden, wann er an uns persönlich und wann er an die Umwelt gebunden ist. Sie können sich daran orientieren, in welchem Maße die Umwelt daran beteiligt ist.

Auch hier finden Sie Beispiele für Ihre Thymus-Liste ab S. 110

# Allgemeines über die Thymus-Liste

Prinzipiell gilt für alle fünf Bereiche, dass nicht die Liste selbst wichtig ist, sondern die Funktion der Liste. Sie soll Ihnen bewusst machen, dass Sie alle fünf Fähigkeiten bereits in ausreichendem Maße besitzen und sie ihnen täglich und konstant zur Verfügung stehen; dass sie bei Bedarf sofort abgerufen werden können und die entsprechend gewünschten positiven Auswirkungen haben.

Je mehr Sie sich mit diesen fünf Fähigkeiten beschäftigen, desto präsenter wirken sie sich in Ihrem täglichen Leben aus.

**Doppelte Eigenschaften**

Selbstverständlich können Sie mehrere Dinge gleichzeitig in die Spalten eintragen, z.B.:

- Ihren Sinn für Schönheit lieben und dankbar dafür sein
- an ihre Zuverlässigkeit glauben und ihr auch vertrauen,
- Ihrer Familie vertrauen und auch dankbar dafür sein
- für Ihre Zukunftsvision dankbar und auch mutig sein.

Im Laufe der Zeit werden Sie immer mehr Ergänzungen für Ihre Thymusliste entdecken und feststellen wie umfangreich Ihre positiven Ressourcen wirklich sind und damit eine ganz neue Sicht auf Ihr Selbstbild, Ihre Umstände und Ihre Zukunftsvision für sich erhalten.

Vielleicht kommt Ihnen das jetzt vor, als müssten Sie eine Menge Zeit und Mühe dafür aufbringen, Ihre eigene Liste zu füllen. Die Tabellen im Anhang dieses Buches liefern eine Vielzahl von

Anregungen, sodass Sie nur noch aussuchen müssen, was davon auf Sie zutrifft und dies auf Ihre Liste übertragen.

Das Finden oder Bestimmen des Ortes und der Farbe dauert in der Regelt nicht länger als ein paar Sekunden, denn wenn Sie es im Körper nicht fühlen oder die Farbe nicht sehen können, bestimmen Sie ja selbst, wohin Sie es platzieren möchten und welche Farbe Sie ihm zuordnen möchten. Aber geben Sie sich trotzdem einmal die Aufmerksamkeit, zu erkunden, ob das eine oder andere nicht doch in Ihrem Körper fühlbar ist, ob Sie – wenn Sie nach innen schauen – eine Farbe sehen können.
Ich fand das spannend und faszinierend, welches Gefühl ich spüren oder farblich sehen konnte und welches nicht. Ich fand es auch bemerkenswert, welchem Gefühl ich welchen Platz und welche Farbe gebe.

Der Körper ist 1:1 mit unserem Geist und unserer Seele im Austausch. Je gesünder der Geist und die Seele, desto gesünder der Körper. Selbst in der Schulmedizin hat diese Erkenntnis in den letzten Jahren Fuß gefasst und es gibt mittlerweile sogar in diversen Kliniken Psychologen und Heiler, die den Heilungsprozess der Patienten aktiv begleiten.

Sie wissen jetzt, dass sich durch den täglichen 15 Sekunden Gefühls-Turbo neue Neuronen-Netzwerke bilden, die sich im Laufe der Zeit automatisch darauf einstellen und die Ansagen, die Sie damit machen auch umsetzen, wodurch sich unweigerlich Ihre Lebensqualität zum Positiven verändert; dass durch belastende Gedanken entsprechende Hormone ausgeschüttet werden, wie bei Stress z.B. Adrenalin, Noradrenalin und Cortisol, die u.a. zu Herzfrequenzsteigerung, Blutdruckanstieg und Bronchialerweiterung führen, die primär dazu dienen, zu Flucht oder Angriff zu verhelfen. In diesen Ausstoßphasen werden Produktion und Zellversorgung auf ein Minimum heruntergeschraubt.

Auf der positiven Seite, wenn wir glücklich sind, positive Gedanken hegen, werden vom Körper Dopamin, Oxytozin und Endorphine produziert, die u.a. zu Revitalisierung und Zellerneuerung führen.

Wenn Sie sich heute oder in den nächsten Tagen eine halbe Stunde Zeit nehmen, die Thymus-Liste auszufüllen, werden Sie feststellen, dass es gar nicht so schwer ist und dass es Spaß machen kann, einmal eine Bestandsaufnahme der positiven Aspekte Ihres Lebens zu machen und durch den Ort und die Farbe Ihren Körper mit einzubeziehen.

Eines ist klar:
Kein anderer kann und wird das jemals für Sie tun! Die Tatsache, dass Sie dieses Buch bis hierher gelesen haben, bestätigt doch den Wunsch Ihrer Seele, dass Sie sich selbst gerecht werden und Ihre Lebensführung auf sich und Ihre Wünsche abstimmen.

Vielleicht haben Sie sich die drei Fragen am Anfang schon beantwortet – welche Veränderungen würden sich in Ihrem Leben einstellen, wenn der Gefühls-Turbo Ihnen ermöglicht, ständig gute Laune zu haben, sich selbstsicher und vor allem zufrieden mit sich zu fühlen?

Sind diese Auswirkungen es Ihnen wert, sich die Zeit zu nehmen, um positive Veränderungen in Ihrer Selbstwahrnehmung und Lebensfreude in die Hand zu nehmen?

Wenn Sie jetzt noch nicht so weit sind, tun Sie sich den Gefallen und machen Sie einfach nur das Thymus-Tapping mit dem Satz: „Ich liebe und glaube, vertraue, bin dankbar und mutig"; morgens und abends jeweils 3-5 Mal laut aussprechen. Wenn Sie das eine Woche lang jeden Tag praktizieren, werden Sie spüren, dass sich etwas in Ihnen verändert.

Das sollte Ihnen genügend Motivation geben, sich dann doch aufzuraffen, Ihre persönliche Thymusliste in Angriff zu nehmen.

**Bei inneren Verboten, Widerständen oder Abneigung**

In Einzel-Coachings höre ich nicht selten, dass man doch solche Dinge nicht über oder für sich selbst behaupten „darf". Dass es Eitelkeit, Selbstsucht oder Einbildung sei, sich so in den Mittelpunkt zu stellen, sich selbst so viel zuzugestehen.

Dennoch haben wir alle die Verantwortung für uns selbst und kein anderer kann und darf die eigene Selbstfürsorge für uns übernehmen.

Wenn Sie in sich schauen und sich vorstellen, dass Sie sich wirklich lieben, an sich glauben, sich vertrauen, danken und für sich mutig sind, könnte dies tatsächlich einen schlechteren oder vielleicht doch einen besseren Menschen aus Ihnen machen?

Hier wären also Fragen zu stellen wie: Wer hat gesagt/mir das beigebracht, dass „man", „ich" mich nicht lieben darf? Hat derjenige vielleicht auch nicht gelernt, sich zu lieben? Ist er/sie wirklich ein Vorbild für mich, was Selbstfürsorge anbelangt? Hat es mich bisher weitergebracht, so eine schlechte Meinung über mich zu haben? Fühlt es sich gut und richtig an, dass ich mich an letzte Stelle stelle?

**Zu Verboten:** Es würde auf Selbstverleugnung hinauslaufen, wenn Sie diese Meinung tatsächlich beibehielten und diente niemandem, außer dem, der möglicherweise Vorteile daraus zog oder zieht und Sie damit beherrschen möchte.

Hier sind – i.d.R. aus frühen Kindheitserfahrungen - massive Glaubenssätze angelegt, die aus Angst (nicht geliebt, verlassen, bestraft zu werden) entstanden sind – s. Kapitel 2.

Alleine auf der rationalen Ebene finden Sie wahrscheinlich eine Menge Argumentationen, die dagegensprechen, dass Sie in die Lage kommen können, ein neues Selbstbewusstsein zu entwickeln. Es gab „zu viele" Erlebnisse, Behauptungen, Bestätigungen, die begründen, warum Sie sich nicht weiterentwickeln „dürfen".

Einzig ihre tiefste innere Stimme, Ihre Seele, wird Ihnen genügend Kraft geben, um aus diesem Gefängnis ausbrechen zu können. Sie weiß, dass Sie ein vollwertiger Mensch sind, der ein Recht auf Erfüllung und Selbstbestimmung hat und sie wird Sie inspirieren, motivieren, unterstützen, diesen neuen Weg zu gehen.

**Zu Widerständen:** Die Verantwortung für sich zu übernehmen ist, wenn man sich anderen ein Leben lang unterwürfig angepasst hat, kein leichtes Unterfangen.
Das gesamte Glaubenskonstrukt wird herausgefordert und in Frage gestellt. Sich selbst etwas zuzutrauen erfordert Mut und die Bereitschaft, neue Erfahrungen zu machen. Deshalb ist Mut auch Bestandteil der Thymusliste; denn Mut bedeutet, sich zu überwinden, sich gegen Widerstand und Gefahren für eine als richtig und notwendig erkannte Sache einzusetzen.
Was also können Sie verlieren, wenn Sie jetzt lernen, hinter sich zu stehen, eine gute Meinung über sich zu gewinnen, Ihre Vorzüge und guten Eigenschaften für sich einzusetzen, Ihre Stärken auszubauen und ein authentisches Selbst-Bewusst-Sein anzueignen?

Probieren Sie es doch einfach mal aus! Sie können jederzeit zurück in alte Verhaltens-, Denk- und Sichtweisen gehen. Geben

Sie sich die Chance interessiert, gespannt und offen zu sein, sich selbst neu zu entdecken und weiterzuentwickeln.

**Zu Abneigung:** Das alte Selbstbild aufzugeben bedeutet, die Komfortzone zu verlassen, den Horizont zu erweitern und alte Verhaltensmuster abzulegen. Mit dem Thymus-Tapping passiert vieles automatisch, da wir unser Gehirn bewusst trainieren, unseren Fokus auf neue Dinge zu legen. Glauben Sie wirklich, dass Sie zu einem egozentrischen, selbstsüchtigen Menschen werden könnten, wenn Sie eine bessere Beziehung zu sich haben, wenn Sie Ihre positiven Seiten ausbauen?
Wohl kaum. Im Gegenteil! Da wir Menschen viel Wert darauf legen gemocht, anerkannt und geliebt zu werden, ist es uns immer ein Bedürfnis, mit anderen Menschen auszukommen und unser Glück zu teilen. Je mehr authentisches inneres Glück Sie über sich selbst gewinnen, desto mehr können Sie Ihren Mitmenschen authentische, ehrliche Zuneigung geben. Dann kostet das auch keine Kraft mehr, sondern bereichert Sie auf allen Ebenen.

Um einen Anfang zu machen und den „inneren Saboteur" zu überwinden, können Sie mit entsprechender Umformulierung beginnen Abneigung, Wiederstand und selbst Verbot Schritt für Schritt zu entkräften.

Hier sind mögliche Sätze, die Sie an der Thymusdrüse klopfen können:

- ich probiere jetzt aus wie das für mich ist, wenn ich das an mir liebe, an mich glaube, mir vertraue, dankbar und mutig bin
- ich nehme jetzt diesen Vorschlag an und lerne kennen, wie es ist, wenn ich das an mir liebe...

- ich teste jetzt mal aus was passiert, wenn ich mir erlaube, das an mir zu lieben...
- ich eigne mir jetzt an/lerne, offen zu sein, diese Eigenschaften von mir zu lieben...
- ich vertraue jetzt mal, dass das schon richtig ist, mich und Dinge an mir zu lieben...
- ich lasse mich auf dieses Experiment ein und sehe, was sich daraus entwickelt, wenn ich mich liebe...
- ich öffne mich der Möglichkeit, dass es gut und richtig für mich und andere ist, wenn ich das an mir liebe...
- ich möchte dies jetzt versuchen, mich lieben,... zu können
- ich beginne nun allmählich, mich damit anzufreunden, dass ich etwas an mir lieben,... könnte
- ich würde in Zukunft gerne so weit kommen, dass ich etwas an mir lieben,... kann
- ich bin bereit, mich dafür zu öffnen, mich lieben,... zu können
- ich mache jetzt einen neuen Anfang, mich zu lieben, mir zu vertrauen, dankbar und mutig für mich zu sein

**Wenn die Thymus-Liste ausgefüllt ist**

Nun da Sie die Thymusliste ausgefüllt haben, noch ein paar Worte zur Anwendung im täglichen Leben.
Der 15-Sekunden Gefühls-Turbo dient grundsätzlich als tägliche Gefühlshygiene - wie wir auch Körper, Wohnung, Auto, etc. reinigen.
Es ist für Sie selbstverständlich, dass Sie trotz täglichem Zähneputzen einmal im Jahr eine professionelle Zahnreinigung beim Zahnarzt machen lassen.
Auch wenn Sie täglich bemüht sind, den Innenraum Ihres Autos aufzuräumen, ist es klar, dass sie auch mal mit dem Staubsauger ran müssen.

Sie denken nicht weiter darüber nach, dass Sie nach dem Sport noch mal duschen, obwohl Sie am Morgen schon geduscht haben.

Es versteht sich von selbst, dass Sie einen Haarschnitt beim Friseur bekommen, aber trotzdem jeden Tag Ihre Frisur selbst stylen und zusätzlich auch ab und an waschen müssen.
Diese Dinge sind derart in unsere Lebensführung eingebunden, dass sie für uns alltäglich sind und wir sie einfach automatisch abspulen. Egal wie viel Zeit sie in Anspruch nehmen.
Mit unseren Gefühlen sollte es nicht anders sein. Sind sie doch der Regler, der bestimmt, ob es uns gut geht oder nicht, ob wir glücklich und zufrieden sind oder nicht.

Das Ausfüllen der Thymusliste ist sozusagen der Gang zum Friseur. Die tägliche Anwendung ist das Styling. Wenn der Wind das Haar zerzaust hat, gehen Sie vor den nächsten Spiegel und richten die Frisur wieder mit dem Kamm.

Wenn etwas Sie emotional aus dem Gleichgewicht geworfen hat, können Sie sich mit dem 15-Sekunden Gefühls-Turbo wieder in Balance bringen.

Dass Worte wie Stress, Belastung, Druck, Hektik, Überforderung, Erschöpfung bis hin zu Burn-Out heutzutage in aller Munde sind, ist kein Zufall. Man kann sich glücklich schätzen, wenn man es bis hierher geschafft hat, ohne übermäßig davon betroffen zu sein.

Aber gerade auch, wenn Sie schon Merkmale oder Auswirkungen dessen spüren, ist das Thymus-Tapping Heilbalsam für Ihre Gefühle. Je bewusster Sie sich Ihrer Ressourcen, Ihrer emotionalen Fähigkeiten widmen, desto einfacher machen Sie es sich, Ihrem Gehirn und Ihrem Körper, wieder in Balance zu kommen und das Vertrauen in Ihr Leben zu stabilisieren oder sogar neu aufzubauen.

Der 15-Sekunden Gefühls-Turbo wirkt präventiv, wenn wir tägliche Gefühlshygiene betreiben und als Erste-Hilfe, wenn wir akut Rückversicherung für unsere emotionale Stabilität benötigen. Die tägliche Anwendung ist wie ein Muskeltraining.
Wenn Sie in Ihrer Jugend an Wettbewerben teilgenommen haben, heißt das nicht, dass Sie das heute ohne Training wieder tun könnten.

Je routinierter es für unser Gehirn wird, die fünf Fähigkeiten Liebe, Glauben, Vertrauen, Dankbarkeit und Mut in den Alltag zu integrieren, desto schneller kann es bei Bedarf reagieren und damit die entsprechend gesunderhaltenden, vitalisierenden und motivierenden Botenstoffe produzieren und ausschütten.

So ist das Ausfüllen der Thymus-Liste der Grundstock für ein neues neuronales Netzwerk, das wir selbst bewusst angelegt haben und das uns in allen Lebensbereichen dienlich sein wird.

# Varianten des Thymus-Tapping

## ➢ Der 15-Sekunden Gefühls-Turbo

Der Turbo dient morgens zur Vorbereitung auf den Tag, um kraftvoll und sicher die eigene Lebensaufgabe und damit den eigenen Lebenssinn erfüllen zu können.

Damit programmieren wir uns von Grund auf neu, mit der Information, dass wir für alles, was das Leben von uns abverlangt gewappnet sind. Diese Grundhaltung gibt uns Sicherheit und Gelassenheit den Anforderungen des Lebens gegenüber.

Den Tag über, wenn in herausfordernden Situationen die Gefahr besteht, unsicher zu werden oder die Fassung zu verlieren, hilft er, um sich wieder auf sich zurück zu besinnen und daran zu erinnern, dass Sie alle Ressourcen zur Verfügung haben, um Klarheit über die Situation zu bekommen und entsprechend reagieren zu können. Er nimmt in unserer schnelllebigen Zeit den Druck, die Dringlichkeit sofort, in dieser Sekunde, eine Lösung parat haben zu müssen.

Idealerweise ist natürlich das Thymus-Tapping zusätzlich am Abend, vor dem Zubettgehen zur nächtlichen Vorbereitung, die reinigende, revitalisierende Schlafphase einzuleiten; sich über Nacht mental positiv aufzuladen. Wenn Sie sich das zur Gewohnheit machen, wird es nicht lange dauern, bis Sie morgens erholt und vital aufwachen, mit Freude bereit in den Tag zu starten.

## ➢ Das kreative Thymus-Tapping

Bei Bedarf, z.B.:
1. wenn generell eine der fünf Komponenten sehr schwach in Ihnen angelegt ist.
2. wenn z.b. ein Vortrag, Prüfungen oder andere Situationen anstehen, die gewohnter Weise Stress und Anspannung verursachen; wenn bestimmte Ereignisse geschehen oder bevorstehen, für die man Kraft und Vertrauen benötigt.
3. wenn eine der Komponenten für 2. schwach ist und Sie diese auch nach längerer täglicher Anwendung des Gefühls-Turbos noch nicht wirklich fühlen können.

**1. Wenn generell eine der fünf Komponenten sehr schwach in Ihnen angelegt ist.**

1.1 Wenn Sie z. B. Liebe nicht fühlen können:

Beginnen Sie, die Dinge, die Sie an sich gut finden zu entdecken. Und wenn es noch so banale Dinge sind wie: ich kann gut...
Auto fahren, kochen, nähen, schreiben, staubsaugen, Handarbeiten machen, den Tisch decken, mich konzentrieren, auf andere eingehen, mit alten Menschen, Kindern, Tieren umgehen... wäre es doch ein Verlust, wenn Sie diese Dinge auf einmal nicht mehr könnten. Das gibt diesen Dingen einen anderen Wert – sie werden damit nämlich „liebenswert".

1.2 Wenn es nichts Gutes gibt, an das Sie glauben können:

Fragen Sie sich, welche Werte Sie haben, welche Moral oder Ethik Ihnen wichtig ist, z.B. ich glaube an Ehrlichkeit, Zuverlässigkeit, Fairness, Freiheit, Vertrauenswürdigkeit, Frieden – was ist bedeutsam für Sie, wohinter stehen Sie, was ist Ihnen im Umgang mit anderen Menschen wertvoll?

1.3   Wenn Sie kaum Vertrauen in etwas haben:

Gehen Sie in sich und finden Sie heraus, worauf Sie sich in Bezug auf sich selbst und auch auf andere verlassen können. Z.B.: dass Sie ein reinlicher Mensch sind, dass Sie immer dazulernen, dass es für alles eine Lösung gibt.
Mag sein, dass Sie diese Beispiele gar nicht mit Vertrauen in Verbindung gebracht hätten. Und dennoch können Sie sich darauf verlassen, dass Sie ihnen im Leben dienlich sind.

1.4   Wenn Sie keine Dankbarkeit spüren:

Machen Sie sich bewusst, welche Dinge Sie als selbstverständlich betrachten. Was wäre, wenn diese nicht mehr in Ihrem Leben vorhanden wären? Wofür ich z.b. große Dankbarkeit empfinde ist, dass ich jederzeit sauberes, fließendes Wasser zur Verfügung habe. Die ersten Jahre, die ich in Spanien gelebt habe, war es des Öfteren der Fall, dass es im Sommer tageweise kein fließendes Wasser gab. Erst, wenn es nicht mehr vorhanden ist, fällt einem auf, wieviel daran gebunden ist. Geschirr spülen, duschen, selbst der Gang aufs WC werden zum Luxus. Oder Elektrizität – auch das fiel regelmäßig aus.
Abends nur Kerzenschein, kein Buch mehr lesen können, kein TV, Staubsauger, etc. Beobachten Sie einmal, welchen Luxus Sie im täglichen Leben tatsächlich zur Verfügung haben.
Noch einmal wiederholt – die eigene Intelligenz, handwerkliches Geschick oder die Fähigkeit, Gefühle zu empfinden, sind nur deshalb selbstverständlich, weil wir dem keine Bedeutung zumessen. Beginnen Sie, dies wertzuschätzen!

1.5  Wenn Sie sich ständig mutlos fühlen:

Gerade Mutlosigkeit macht deutlich, wie wenig Aufmerksamkeit Sie Ihren Ressourcen, Fähigkeiten, positiven Charakter-

eigenschaften in der Vergangenheit gewidmet haben. Beginnen Sie damit, sich selbst zu beobachten. Noch einfacher ist es, wenn Sie in die Vergangenheit zurückblicken. Da finden Sie sicher einige Ereignisse, Situationen, die Sie Mut gekostet haben.
Ob es darum geht, in der Schule nach vorne zur Tafel gerufen zu werden oder eine Prüfung abgelegt zu haben, einfach Dinge, die Ihnen nicht leicht von der Hand gingen und die Sie dennoch bewältigt haben.
Fragen Sie auch Freunde und Familie, Bekannte oder Kollegen, um Ihre Thymus-Liste zu bestücken und glauben Sie ihnen!

## 2. Vorträge, Prüfungen o.ä. Situationen

Kreatives Thymus-Tapping können Sie immer dann gewinnbringend einsetzen, wenn Ihnen bei dem Gedanken an eine bevorstehende Aufgabe / Situation

- mulmig wird
- Unsicherheit aufkommt
- Sie flüchten wollen
- Sie spüren, dass Sie nicht wirklich zuversichtlich sind
- zusätzlich Kraft und Überzeugung gewinnen möchten
- Sie sich selbst stabilisieren möchten
- Sie einfach einen spezifischen Gefühls-Turbo brauchen
- Sie Klarheit über Ihre Position brauchen

2.1 Bauen Sie die fünf Säulen ganz detailliert in den entsprechenden Kontext ein.

Das kann folgendermaßen aussehen: Sie klopfen oder legen die Hand auf die Thymusdrüse und sprechen dabei positive Dinge aus, die mit Ihrem Thema zu tun haben.

Sie finden also für jede Säule eine themenbezogene Begründung, warum Sie „lieben, glauben, vertrauen, dankbar und mutig" sind und bauen sie systematisch und themenspezifisch aus.

Beispiel: einen Vortrag halten

- ich liebe es, diesen Vortrag zu halten, weil ich damit
  - meine Expertise zeigen kann
  - den Menschen etwas Wichtiges vermittle
  - meine Fähigkeiten unter Beweis stellen kann
  - überzeugen kann, dass meine Darlegung die richtige ist

- ich glaube an meinen Vortrag, weil ich
  - mich gut vorbereitet habe
  - er super recherchiert ist
  - es mein Fachgebiet ist
  - ich ihn interessant und verständlich gestaltet habe

- ich vertraue meinem Vortrag, weil
  - meine Recherchen fundiert sind
  - er meine sorgsame Vorbereitung widerspiegelt
  - er inhaltlich solide ist
  - er anderen nützlich ist

- ich bin dankbar für meinen Vortrag, weil
  - ich damit nicht jeden einzeln informieren muss
  - ich mir damit einen Namen schaffe
  - ich damit zeigen kann, was ich kann/weiß/erforscht habe
  - ich damit zeigen kann, dass ich kompetent bin

- ich bin mutig, meinen Vortrag zu halten, weil
  - ich an dessen Inhalt glaube
  - ich weiß, dass der Inhalt wichtig ist
  - ich davon überzeugt bin, dass er vielen helfen wird
  - ich daran glaube, dass er relevant für die Teilnehmer ist

## 3. Wenn nur eine der Komponenten schwach in Ihnen angelegt ist.

Ob Sie nun für jede Sparte eine Begründung oder gleich mehrere finden, ist Ihnen frei überlassen. Manchmal, wenn ich merke, dass eine Sparte besonders schwach ist, finde ich mehrere Begründungen für nur diese Sparte, da ja alle anderen stabil sind.

In unserem Beispiel könnte das Vertrauen und Mut sein. Auch ich kann mich noch sehr genau erinnern, welch großen Mangel ich in jüngeren Jahren an Vertrauen und Mut hatte, vor Menschen zu sprechen, selbst wenn es nur zwei oder drei waren.
Also klopfen Sie in diesem Falle an der Thymusdrüse lediglich Ihr Vertrauen. Und zwar mit allen Begründungen, die Ihnen dazu einfallen.
Je mehr Begründungen, desto stabiler werden Sie.

Z.B.: Ich vertraue meinem Vortrag, weil:

- ich mich akribisch vorbereitet habe
- das mein Fachgebiet ist
- mich das selbst interessiert
- ich davon überzeugt bin
- die Teilnehmer davon noch nichts wissen
- die Teilnehmer sehr davon profitieren können
- die Teilnehmer einfach diese Information brauchen
- ich den Vortrag verständlich und interessant gestaltet habe
- ich vom Inhalt überzeugt bin
- ich mir immer gewünscht habe, jemand hätte mir diese Information gegeben
- die Zeit reif ist, dass meine Kunden/Kollegen/viele Menschen davon erfahren

Listen Sie Ihre eigenen positiven Gründe auf, warum Sie diesen Vortrag halten wollen und es sich lohnt, das Vertrauen und den Mut dafür aufzubringen.

Und zwar nur mit Argumenten, die Ihnen gute Gefühle geben! Das kann z.b. auch sein

- ich endlich zeigen will, was ich kann/weiß
- mir das Thema am Herzen liegt
- es gesagt, ausgesprochen, thematisiert werden muss...

**Vision, Disziplin und Hingabe**

Denken Sie daran, es handelt sich hier um eine bewusste Umprogrammierung bzw. Neuprogrammierung von neuronalen Netzwerk-Verbindungen in Ihrem Gehirn. D.h., je mehr Information Sie einspeisen, desto stabiler und zuverlässiger das Programm.

Ein wesentlicher Bestandteil davon ist, dass Sie als erwachsener Mensch entscheiden, dies für sich zu tun und dann auch die Disziplin aufbringen, die nötigen Schritte zu unternehmen. Sie können weder sich, noch Ihr Gehirn veräppeln. Entweder Sie leisten den Aufwand, oder Sie beugen sich dem ungewünschten Zustand. Es wird kein anderer für Sie tun.

Die Vision wie es sein wird, wenn Sie diese Veränderung durchziehen ist ein wesentlicher Bestandteil, um die Disziplin aufzubringen. Wie frei Sie sich fühlen, wie stolz Sie auf sich sein werden, wie sie immer selbstsicherer werden im Umgang mit sich, wie Sie sich daran gewöhnen, Respekt vor sich zu haben und dass andere ebenfalls Respekt vor Ihnen haben. Es ist einfach wunderbar, diese Möglichkeiten zu haben und Schritt für Schritt das eigene Wachstum zu bestimmen, zu fördern und umzusetzen – egal wie alt Sie sind.

## Therapeutisches Thymus-Tapping

Wenn emotionale Belastungen derart überhandgenommen haben, dass Sie vollkommen aus der Balance geraten sind, den Bezug zu sich komplett verloren haben, keine Perspektive mehr lohnenswert oder machbar scheint, kann das Thymus-Tapping ein erster Schritt sein, die Zügel rein über den Leidensdruck, die Überzeugung und die Willenskraft wieder in die Hand zu nehmen.

Sie wenden das Thymus-Tapping drei Mal am Tag, d.h. morgens, irgendwann tagsüber und abends an (empfehlenswert, dann auch mehrere Male am Tag tappen) und machen folgendes:

1. Tag: Sie tappen 10-30 Sekunden, so lange Sie möchten, nur mit den Worten: „ich liebe" und gehen dabei gedanklich Ihre Liste durch, mit beiden Seiten (d.h., was Sie an sich und auch an Ihrer Umwelt lieben).
Während des Klopfens und Sprechens "ich liebe" finden Sie bei jedem Punkt aus Ihrer Liste den Platz in Ihrem Körper und die Farbe dazu und sprechen das auch aus. Z.B. "ich liebe meine Geduld und die wohnt in meinem Herzen und ist rosa".
Visualisieren Sie, wie diese rosa Liebe sich in Ihrem Herzen ausbreitet und platziert. So machen Sie das mit allen Punkten in der Sparte `Liebe`.

2. Tag: Jetzt nehmen Sie die Liste von "ich glaube" und machen genau das Gleiche 3 x/Tag mit den Punkten in der Glaubenssparte.

3. Tag: Jetzt nehmen Sie die Liste von "ich vertraue" und machen genau das Gleiche 3 x/Tag mit den Punkten in der Vertrauenssparte.

4. Tag: Jetzt nehmen Sie die Liste von "ich bin dankbar" und machen genau das Gleiche 3 x/Tag mit den Punkten in der Dankbarkeits-sparte.

5. Tag: Jetzt nehmen Sie die Liste von "ich bin mutig" und machen genau das Gleiche 3 x/Tag mit den Punkten in der Mut-Sparte

6. Tag: Sie nehmen alle Punkte wieder zusammen, also klopfen wieder: „Ich liebe und glaube, vertraue, bin dankbar und mutig", prüfen aber bei jedem Punkt, ob Sie diese Emotionen auch in Ihrem Körper empfinden können. Wenn Ihnen eines fehlt, Sie es gerade überhaupt nicht orten können, gehen Sie gedanklich zurück in Ihre Liste und finden Sie die Punkte und Farben dieses Gefühls und klopfen weiter.

7.-30. Tag: Jetzt schalten Sie den Turbo ein: Sie machen jeden Tag den ganzen Thymussatz wie am 6. Tag, incl. Prüfung, dass auch alle fünf Komponenten vorhanden sind.

Achten Sie darauf, dass Sie nicht zu fest und auch nicht zu schnell klopfen, sondern im Silben-Rhythmus. Sie werden sehen, je länger und je öfter am Tag Sie dies machen, desto sicherer fühlen Sie sich in Ihrem Alltag.

Damit werden Sie in schwachen Situationen bald alleine durch die Handbewegung zu Ihrer Thymusdrüse schon einen Kräfteschub bekommen.
Dies ist eine bewährte Methode, um Selbstsicherheit zu kreieren, aufzubauen und zu erhalten!
Sie ist leicht, dauert nicht lange und ist sehr effektiv. Insgesamt vielleicht zwei Minuten am Tag. In kurzer Zeit wird sich durch die intensive Speicherung, die vorangegangen ist, ein Automatismus einstellen, der Ihnen in Sekunden wieder den Weg zu sich selbst ermöglicht.

Tipp: Schreiben Sie sich den Satz „Ich liebe und glaube, vertraue, bin dankbar und mutig" auf zwei, drei Indexkarten und platzieren Sie diese z.B. in Ihrer Handtasche, Geldbörse, am Spiegel, am Armaturenbrett Ihres Autos – einfach dort, wo Sie regelmäßig hinschauen.

Unsere Sinne sind immer aktiv und registrieren auch ohne unser Bewusstsein, was um uns herum geschieht. D.h. jedes Mal, wenn Sie an diesen Orten vorbeigehen sehen Ihre Augen diese Karte und Ihr Unterbewusstsein registriert, dass Sie nach wie vor hinter dieser Absicht stehen.

## Übersicht - Varianten des Thymus-Tapping

| 15 Sekunden Gefühls-Turbo | Kreatives Thymus-Tapping | Therapeutisches Thymus-Tapping |
|---|---|---|
| Zur täglichen Vorbereitung auf den Tag, um kraftvoll und sicher den eigenen Lebenssinn erfüllen zu können. | Bei Bedarf: Wenn Prüfungen oder andere Situationen anstehen, die Stress und Anspannung verursachen; wenn bestimmte Ereignisse geschehen oder bevorstehen, für die man Kraft und Vertrauen benötigt. | Bei inneren Verboten, sich selbst als wertvoll betrachten zu dürfen. |
| Zur nächtlichen Vorbereitung, die reinigende, revitalisierende Schlafphase einzuleiten; sich über Nacht mental positiv aufzuladen | Wenn eine der Komponenten ständig schwach ist: Liebe, Glauben, Vertrauen Dankbarkeit Mut | Wenn generell kein Zugang zu positiven Emotionen besteht. |
| Den Tag über, wenn in herausfordernden Situationen, die Gefahr besteht, unsicher zu werden oder die Fassung zu verlieren. | Wenn dauernd ein negatives Gedankenkarussell abläuft. | Wenn bisher kein positives Selbstbild bestand. |

Kapitel 2

**Die Entwicklung unserer emotionalen Identität**
auf der Basis von negativen Glaubenssätzen

Indem wir uns nun unsere positiven Ressourcen bewusst gemacht haben und sie anhand der täglichen Gefühls-Hygiene in uns verankern, bauen wir eine stabile Grundlage auf, um uns mit der Handhabung von täglichen Herausforderungen vertraut zu machen.

**Aber zuerst einmal eine kleine Geschichte...**

Evi ist die Tochter eines hart arbeitenden, selbständigen Handwerkers. Ihr Vater war – wenn er mal zu Hause war – streng, aber liebevoll zu ihr. Immer wenn sie ihn fragte, warum er so viel arbeitet und keine Zeit für die Familie hat, antwortete er: „Um im Leben erfolgreich zu sein, muss man sehr hart arbeiten. Es wird einem nichts geschenkt. Du willst doch auch, dass wir ein schönes Haus und auch ein Auto haben, mit dem wir in Urlaub fahren können. Das alles ist nur möglich, wenn ich so viel arbeite."

Evi fand sich nun damit ab, dass das Haus, das Auto und der Urlaub wohl sehr wichtig sind – wichtiger als die Zeit mit ihr zu verbringen.

So eiferte sie ihrem Vater nach, arbeitete sehr hart in der Schule, machte einen guten Abschluss und wurde später Betriebsleiterin eines großen Unternehmens. Auch sie hatte kaum Freizeit; in ihren Beziehungen konnte sie sich nicht wirklich auf eine erfüllende Partnerschaft einlassen, da sie nach ihrem anstrengenden Arbeitstag einfach keine Kraft mehr hatte.

Und dann traf sie Antonio, in den sie sich Hals über Kopf verliebte.

Er war Künstler, hatte eine gut gehende Galerie in der Stadt und seine Bilder wurden in Ausstellungen auf der ganzen Welt bewundert. Er hatte ein zuträgliches Einkommen, sodass er gut davon leben konnte. Seine Inspiration für seine Kunst holte er sich in der Natur, auf Reisen und in den kleinen Dingen des Lebens.

Die beiden waren sehr verliebt; die wenige Zeit, die sie miteinander verbringen konnten, genossen sie. Wie ein wertvoller Diamant zählte jede Stunde, die sie beieinander waren.

Doch – wie es eben so ist im Leben – bald musste Evi einen großen internationalen Kongress vorbereiten, der im nächsten Jahr stattfinden sollte. Sie hatte alle Hände voll zu tun und immer weniger Zeit, die sie mit Antonio verbringen konnte. Sie bemerkte nicht, wie sie zunehmend distanzierter wurde, Antonio sich immer mehr zurückzog; und wenn sie dann einmal kurze Stunden zusammen waren, war sie gedanklich und emotional nicht wirklich anwesend. Der Kongress nahm all ihre Kraft und ihr Interesse in Anspruch.

Nach ein paar Monaten lud Antonio sie zu einem romantischen Abendessen ein, mit der Bitte, dass dies ein Abend nur für sie beide sein sollte. Er wollte ihr eine Überraschung mitteilen, die sie beide betraf.
Es sollte dieses Mal keine Gespräche über ihre Arbeit, den Kongress, die Organisation geben – einfach nur ein gemeinsamer romantischer Abend.
Er kochte ihr Leibgericht, zündete Kerzen an, suchte sanfte Musik aus und schmückte den Raum mit duftenden Rosen – ihren Lieblingsblumen.

Evi kam zu spät. Sie war völlig abgehetzt, genervt und hatte keinen Hunger, da sie mit wichtigen Kunden unterwegs gewesen war und diese darauf bestanden hatten, dass sie eine Kleinigkeit

essen sollten; sie hätte sogar beinahe das Abendessen vergessen. Sie war sehr aufgebracht, da diese Kunden fast abgesprungen wären und der Kongress in Gefahr geraten war. Der romantische Abend war ruiniert.
Antonio war traurig und verletzt, hat es sich aber nicht anmerken lassen. Evi berichtete ununterbrochen alle Details ihres Arbeitstages und am Ende ging sie nach Hause, da sie sehr erschöpft war.

So war es Antonio nicht möglich, ihr seine eigene gute Nachricht mitzuteilen. Er hatte eine Vernissage in Venedig und wollte sie zu einem gemeinsamen Wochenende einladen. Der Kunsthändler hatte ihm eine Wanderausstellung in allen großen Galerien Europas in Aussicht gestellt.
Antonio sollte sich entscheiden, ob er hierfür bereit war, im nächsten Jahr die jeweiligen Länder zu bereisen. Er war sich nicht sicher gewesen, da er die Beziehung zu Evi nicht gefährden wollte.

Nun hatte er seine Antwort bekommen. Evi stellte ihre Arbeit über alles; nicht einmal ein romantischer Abend zu zweit war ihr möglich. Sie hätte ihn ja sogar fast vergessen. Sie würde es wahrscheinlich gar nicht einmal bemerken, wenn er weg wäre.

Antonio nahm das Angebot an. Seine Ausstellungen waren ein großer Erfolg. Die letzte Ausstellung war in Paris, wo er eine andere Künstlerin kennenlernte. Er entschied sich, in Paris zu bleiben und dort sein Glück zu finden.

Evis Kongress lief wie geplant und war ebenfalls hervorragend gelungen. Eine weitere Bestätigung ihrer harten Arbeit. Wahrlich, ihr war nichts geschenkt worden – im Gegenteil. Sie erinnert sich, wie jede Stunde mit Antonio wie ein wertvoller Diamant für sie gewesen war. Sie hatte seine Abreise vor lauter Trubel einfach ignoriert und beruflich letztlich auch nicht mehr erreicht. Selbst den großen Bonus, den sie erhalten hatte, konnte sie nicht wirklich genießen.

Sie verlor das Interesse an ihrer Arbeit, war kaum noch motiviert und fing an, sich selbst in Frage zu stellen. Was ist mein Leben eigentlich wert? Warum habe ich nicht um Antonio gekämpft? Was habe ich jetzt davon, dass ich so viel Geld verdient habe? Wie kommt es, dass ich so unzufrieden und unglücklich bin?

Evis Geschichte ist nur ein Beispiel, welche Auswirkung übernommene Glaubenssätze in unserem Leben haben. Evis Vertrauen in ihren Vater und dessen Überzeugungen:

- man muss im Leben hart arbeiten
- beruflicher Erfolg muss an erster Stelle stehen
- es wird einem nichts geschenkt

führten dazu, dass sie - ohne es zu bemerken - ihre große Liebe verlor.

Um aus dem Gefühls-Irrgarten, den wir allzu oft durchlaufen herauszukommen, bedarf es zunächst etwas an Grundwissen wie unsere emotionale Identität sich bildet. In diesem Kapitel geht es um...

## „Die Entstehung von negativen Glaubens-Sätzen"

Dazu schauen wir uns vier Bereiche an: Wir beginnen mit der Selbstwahrnehmung, die uns zu unserem Selbstbewusstsein führt, das im Laufe der Zeit in Selbstvertrauen mündet und schließlich unseren Selbstwert bildet.

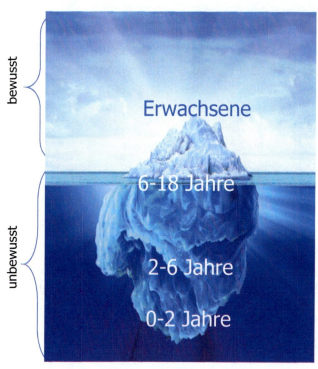

1. Selbst-Wahrnehmung - in den ersten beiden Lebensjahren lernen wir, uns überhaupt als Ich wahrzunehmen.
2. Selbst-Bewusstsein - ab ca. 6 Jahre erhalten wir ein Bewusstsein über unsere Individualität und werden uns darüber bewusst, dass wir eigenständige Wesen sind.

3. Selbst-Vertrauen - ungefähr bis zum 18 Lebensjahr loten wir aus, was wir uns zutrauen und legen den Grundstein dessen, wer wir sind; was dann entscheidet,
4. welchen Selbst-Wert wir im Erwachsenenalter haben, sprich was wir uns erlauben und gönnen.

Diese Prozesse finden i.d.R. weitestgehend im Unterbewusstsein statt.

Hier möchte ich vorwegnehmen, dass genauso wie sich negative Glaubenssätze bilden, entstehen natürlich auch positive.

Aber es sind nun mal nicht die positiven, die uns im späteren Leben Steine in den Weg legen, sondern die negativen.

Besonders, wenn es darum geht, dass wir selbst in der Lage sind, dafür zu sorgen glücklich und zufrieden im Leben zu sein.

Es sind die negativen Glaubenssätze, die uns behindern, unser höchstes Potenzial zu erreichen - weshalb sie hier ausschließlich unser Thema sind.

Dass wir bemerken, dass wir uns kaum noch selbst wahrnehmen, unser Selbstvertrauen und Selbstbewusstsein nicht im optimalen Bereich liegen und der Selbstwert eher begrenzt ist, fällt uns erst dann auf, wenn die Herausforderungen des Lebens uns an unser Limit führen.

Woran liegt das?

In den meisten Fällen liegt es tatsächlich an den negativen Glaubenssätzen. Sie haben sich im Laufe unseres Lebens schon seit der frühen Kindheit unbewusst in uns verankert.

Wir schauen uns das jetzt mal genauer an, denn sobald wir etwas aus dem Unterbewusstsein wecken, kann unser Bewusstsein auch aktiv darauf einwirken.

Als erstes entwickelt sich die **Selbst-Wahrnehmung** im Sinne von Unterscheidung zwischen „ich" und „die Anderen".

Als Baby haben wir keine eigene Identität, wir identifizieren uns und die Welt um uns herum als ein und dasselbe. Wir nehmen uns ausschließlich in der Gesamtheit wahr.

 Als Kleinkind nehmen wir uns immer noch als Einheit mit Mutter / Vater / Bezugsperson wahr, erfahren aber jetzt einen größeren Radius des „Selbst".

Ungefähr ab dem zweiten Lebensjahr entwickeln wir aus der Selbst-Wahrnehmung ein Bewusstsein für unseren Körper und entdecken den eigenen Willen.

Die Wahrnehmung, dass wir ein eigenes ICH haben, wird von nun an mit jedem Monat mehr ausgebaut. Naturgemäß sind wir weiterhin in starker Abhängigkeit zu unseren Eltern und Bezugspersonen, sprich: deren guter Wille und Liebe sind notwendig für unser Überleben.
Wir lernen in dieser Phase u.a. auch, dass wir Auslöser für Freude und Ärger sein können und – je nach Grundcharakter – beugen wir uns dieser Tatsache oder beginnen sogar schon zu rebellieren. Aber - egal wie - nach wie vor ist unser Überleben davon abhängig, dass die Bezugsperson uns versorgt. Diese Abhängigkeit lehrt uns damit schon im frühesten Kindesalter eine gewisse Unterwürfigkeit.

Auf dieser Basis entfaltet sich nun langsam das **Selbst-Bewusstsein**.

Zwischen zwei und sechs Jahren fangen wir an, Ereignisse zunehmend auf unser „Selbst" in Relation zum „Außen" zu beziehen und werden uns dessen zunehmend auch immer bewusster.

Damit beginnt gleichzeitig der Prozess, dass sich im **Unterbewusstsein Glaubenssätze** verankern, wie z.B:

- ich muss mich fügen, um angenommen zu werden
- ich muss gehorsam sein, um geliebt zu werden
- andere haben Macht über mich

Mit der Zeit vergrößert sich unser Bewusstseins-Radius, wir lernen, dass es z.B.: Stärke und Schwäche gibt und wir natürlich erst mal auf der schwachen Seite stehen.

Damit entstehen weitere Glaubenssätze, wie z.B.:

- ich bin nicht liebenswert
- ich bin machtlos
- ich habe es nicht verdient

In der nächsten Stufe von ca. 6 bis 18, folgt dann die oft schwierige, mitunter schmerzhafte Entwicklung unseres **Selbst-Vertrauens**.

Wir stellen fest, dass es auch Konflikte, Ungerechtigkeit und Disharmonie gibt, woraus die nächsten Glaubenssätze entstehen, wie:

- ich muss mich anstrengen, um geliebt zu werden
- wenn ich nicht mache was andere sagen, werde ich bestraft
- wenn ich Fehler mache, bin ich es nicht wert, geliebt zu werden

Mit der Zeit werden auch immer mehr Anforderungen an uns gestellt, wir lernen unsere Grenzen kennen. Die nächsten Glaubenssätze sind dann:

- ich kann das nicht
- ich mache immer alles falsch
- das ist zu schwer für mich bis hin zu
- ich muss perfekt sein.

Unser Selbst-Vertrauen und Selbst-Bewusstsein werden immer mehr und weiterhin unbewusst an der Messlatte unserer Glaubenssätze geprüft.
Mittlerweile haben wir außerdem gemerkt, dass in unserer Gesellschaft alles einen Wert hat und wir über diese gesellschaftlichen Werte ständig verglichen und gemessen werden.

Damit erweitern sich unsere Glaubenssätze noch mehr:

- ich muss Leistung bringen, um respektiert zu werden
- ich bin nicht gut genug
- ich bin zu dumm, faul, ungeschickt

o.ä. negative Selbstbilder, die wir nun für uns annehmen.

Sogar meist gut gemeinte Ratschläge, aber auch Vorhaltungen und Erziehungsmaßnahmen kommen dazu, die wir ungefiltert übernehmen wie:

- du musst Dich im Leben beweisen
- man muss hart arbeiten, um etwas zu erreichen
- das Leben ist kein Ponyhof,

was zur Folge hat, dass wir dies auch glauben, woraus wir z.B. schließen

- ich genüge nicht
- das schaffe ich nie

Mit der Zeit rückt die Selbst-Wahrnehmung immer mehr in den Hintergrund. Wir beschäftigen uns mehr damit, was andere über uns sagen oder anderen zu gefallen, bis es uns schon fast egal ist, wie es uns eigentlich damit geht.

Die so gewonnenen Glaubenssätze schleichen sich jetzt automatisch auch im Freundeskreis mit ein. Denn auch die bekamen ähnliche Werte vermittelt, wollen dazugehören und sich am Ende logischerweise auch behaupten. Wir alle haben den natürlichen Drang, respektiert und anerkannt zu werden.

Also kommen weitere Themen hinzu wie:

- ich bin nicht hübsch/schlank/ zu groß/zu klein
- ich bin einfach zu langweilig
- ich habe nichts zu bieten

sodass sie infolgedessen jetzt auch in unseren Beziehungen massiv mit einwirken. Sie melden sich so lange in allen Lebenslagen und sorgen dafür, dass noch mehr hinzukommen, wie

- ich bin nicht attraktiv genug
- ich muss mich mehr anstrengen
- ich mache immer alles falsch
- ich muss perfekt sein

bis entweder ein für uns dramatisches Ereignis geschieht oder wir an eine Grenze kommen, bei der wir gezwungen sind, eine Selbstanalyse zu machen; was wir natürlich auch nicht wirklich gelernt haben und wir uns deshalb einfach nur so gut durchkämpfen wie es nun mal geht.
Die schiere Masse an den bisher angesammelten belastenden Glaubenssätzen verursacht nun, dass wir uns als Erwachsene immer wieder selbst bestätigen, was wir gelernt haben zu glauben.

Enormer Druck baut sich auf durch hinzukommende eigene Erwartungen:

- ich muss mich beweisen
- wenn ich nicht ständig
  1 A Leistung bringe,
  bin ich eine Versagerin
- ich schaffe das nicht
- ich kann nicht mehr
- ich habe keine Zeit für mich

Durch das auf diese Weise dauernd in Frage gestellte Selbst-Vertrauen verfolgen uns diese Glaubenssätze meist bis ins fortgeschrittene Alter und definieren weiterhin unseren **Selbst-Wert**, egal welche grandiosen Leistungen wir im Laufe des Lebens erbracht haben.

Nach wie vor ist es wichtiger
- was andere von uns denken
- anderen zu gefallen

Viele sind z.B. darin gefangen, dass sie ihre eigenen Interessen aufgeben, um die Harmonie zu erhalten.

Bis hin zu:

- ich bin zu alt, um jetzt noch meine Wünsche und Träume zu verwirklichen.

Wenn Sie jetzt einen oder mehrere dieser Glaubenssätze auch bei sich erkannt haben, wenn Sie einen Mangel im Bereich von Selbst-Wahrnehmung, Selbst-Bewusstsein, Selbst-Vertrauen, und Selbst-Wert festgestellt haben, finden Sie in den folgenden Kapiteln praktische Anregungen, was Sie tun können.

Im Anhang ab S. 111 sind Vorschläge, wie Sie unbewusste Glaubenssätze aufdecken und bearbeiten können.

Kapitel 3

# „Wenn Emotionen in die Irre führen!
# In 5 Schritten raus aus dem Gefühls-Labyrinth"

Jetzt erfahren Sie, wie Sie **auf rationaler Ebene** den nächsten Schritt machen können in Richtung Persönlichkeits-Update und Selbstbestimmung. Sie erkennen, welche Botschaft belastende Emotionen uns in Wahrheit bringen möchten, wie Sie sie lesen und lösen können.

Das kann für Sie der Beginn sein, die alten belastenden Glaubenssätze endlich loszuwerden und eine authentische und gerechte Meinung über sich selbst zu gewinnen.

So können Sie selbst bestimmen, wie sie sich fühlen, mit was sie sich identifizieren und damit letzten Endes auch überzeugt Entscheidungen treffen, die für SIE das Richtige sind; wie Sie weg von Stress, Überforderung und Fremdbestimmung, hin zu Gelassenheit, Lebensfreude und Selbstbestimmung kommen.

Dieses Kapitel ist in drei Bereiche aufgeteilt,

- Im ersten geht es um die Vielfalt und Auswirkungen von belastenden Emotionen und deren zugrundeliegenden Glaubenssätze.
- Im zweiten Teil machen wir uns bewusst, welche Aufgabe Emotionen haben, auf die auch das Konzept von Emotions-Management aufgebaut ist.
- Und im dritten Teil setzen wir das Gelernte in die Praxis um, indem wir anhand von konkreten Beispielen belastende Emotionen umwandeln in Lösungsansätze.

Diese Umwandlung ist deshalb Bestandteil des Emotions-Managements, da sie auf der rationalen Ebene stattfindet. Die Ebene, auf der wir sowieso schon versuchen, uns wieder auf die richtige Spur zu bringen und die wir jetzt ergänzen durch einen systematischen Lösungsweg.

## Die Vielfalt und Auswirkungen von belastenden Emotionen

Kennen Sie das, dass berufliche Herausforderungen Sie emotional so belasten, dass Sie sie sogar mit nach Hause nehmen? Dass Sie regelrecht unter Strom stehen und nicht mehr zur Ruhe kommen?

Oder haben Sie am Arbeitsplatz auch schon mal erlebt, dass Sie sich minderwertig vorkommen, weil sie sich z.B. bei der Gehaltsverhandlung nicht durchgesetzt haben?
Dass Sie Zweifel an der eigenen Kompetenz oder Versagensängste haben?
Oder Sie sich vielleicht ohnmächtig der Anmache Ihres Kollegen gegenüber fühlen?

Wir Menschen sind fühlende Wesen.
Unsere Gefühle bestimmen:

- wie **motiviert** wir sind
- wie wir uns im Leben **orientieren**
- welches **Selbstbild** wir haben
- wie wir uns und unsere Umwelt **wahrnehmen**
- welche **Entscheidungen** wir treffen
- wie wir **kommunizieren**
- wie wir uns **darstellen** und
- wie gut wir uns **durchsetzen**

Aber die meisten von uns kennen sich selber nicht als ihr eigener Gefühlsexperte. Wir nehmen zwar unsere Gefühle wahr, sind ihnen aber in der Regel einfach nur ausgeliefert.

Wir tendieren dazu, dass wir unsere Gefühle „wegstecken", sie in einen inneren Schubkasten packen wollen und hoffen, dass sie sich wieder von alleine verflüchtigen.

Im ersten Moment mag das ja auch noch funktionieren. Aber je öfter wir diese Taktik anwenden, desto voller wird der Schubkasten und irgendwann quillt er über.
Dann verlieren wir den Kontakt zu uns selbst, der Körper meldet sich mit Unwohlsein und Schmerzen, und manchmal werden wir sogar krank.
Wenn wir „Glück haben", gibt uns das eine Auszeit, um den Kontakt wiederherzustellen - unsere Selbstwahrnehmung wieder auf Kurs zu bringen - und nachzudenken; um uns darüber im Klaren zu werden, dass und wie wir eine Kursänderung vornehmen müssen.

Aber wollen wir wirklich dem Zufall überlassen, über welche Route wir an unserem persönlichen Lebensziel ankommen. Oder ob wir überhaupt ein persönliches Lebensziel anstreben? Ob wir weiterhin Opfer unserer negativen Glaubenssätze bleiben, die unseren Selbstwert untergraben?
Und zwar nicht nur im beruflichen Bereich, sondern generell im Umgang mit uns selbst.

Im privaten Bereich verzweifelt die eine oder andere vielleicht, dass sie solche Schwierigkeiten mit dem Schwiegervater oder der Stieftochter oder auch mit den eigenen Kindern hat.
Oder Sie haben sich vielleicht auch schon mal gewundert, dass es Menschen gibt, die scheinbar nie krank sind und ausgerechnet Sie jede Grippewelle erwischt.
Oder manche verletzen sich ständig beim Sport, weil sie sich immer mehr und mehr auspowern, um sich überhaupt wieder spüren zu können.
Und dann sind da noch die Herausforderungen in Beziehung und Familie, wo wir manchmal denken, dass wir alle nur noch bedienen, es allen recht machen müssen und dabei selbst auf der Strecke bleiben.
Und das alles nur, um sicher zu gehen, dass wir es überhaupt wert sind, respektiert, anerkannt und geliebt zu werden.

Die blinde, taube Schriftstellerin und Aktivistin Helen Keller hat es schon im 18. Jahrhundert auf den Punkt gebracht:

*„Das Leben ist entweder ein großes Abenteuer oder nichts."*

Wir Menschen haben eine besondere Gabe, uns dem Leben zu stellen, dieses Abenteuer anzunehmen und wir leben heute in einer Gesellschaft, in der wir aktiv und effektiv Einfluss nehmen können.
Und worin besteht diese besondere Gabe?
Dass wir feinfühlig sind, dass wir unsere Emotionalität auch ausleben können.

Wenn wir die wahre Aufgabe unserer Emotionen verstehen und ihnen folgen, steht uns die Welt heute offen. Dazu müssen wir aber lernen, richtig mit unseren Emotionen umzugehen.

Wir haben bereits verstanden, dass wir eine frühe Programmierung erhalten haben: unsere Glaubenssätze – die entsprechend Emotionen nach sich ziehen, welche unseren Selbst-Wert bestimmen.

Emotionen sind die Ampelschaltung an der Kreuzung - und zwar in allen Lebensbereichen.

Selbst-Wahrnehmung, Selbst-Bewusstsein, sprich damit auch die Selbst-Einschätzung und Selbst-Vertrauen bestimmen unseren Selbst-Wert, woraus unweigerlich entsteht, was wir wann und in welchen Situationen FÜHLEN!
Da stellt sich natürlich die Frage: wenn wir spüren, dass wir emotional überfordert, gestresst, erschöpft oder sogar hilflos sind – was können wir tun?

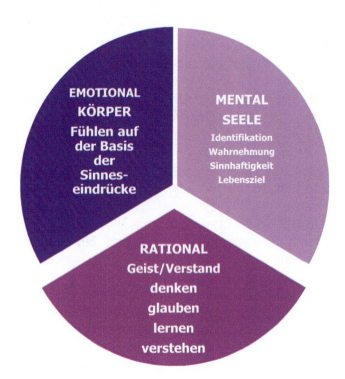

**Emotions-Management auf der rationalen Ebene**

Die folgende Technik liefert eine Anleitung, wie Sie über die Wahrnehmung Ihres Gefühls erkennen, was genau es Ihnen sagen will und wie Sie die wahre Absicht, die das Gefühl hat - nämlich, dass es Ihnen gut geht - erfolgreich umsetzen können.
In fünf Schritten können Sie systematisch reagieren, wenn´s mal wieder kriselt in Ihrem Emotionshaushalt oder sogar, wenn Sie bereits emotionale Belastungen haben und Ihren Schubkasten endlich mal ausmisten möchten.
Es geht darum, dass wir ermitteln, was genau wir fühlen und von dort aus erfahren wie wir uns fühlen möchten und natürlich auch, wie wir am Ende da hinkommen.
Sie können konkret an Ihren eigenen persönlichen Themen arbeiten, sodass Sie in Zukunft genau wissen, wie Sie ALLE Emotionen für sich zu Ihrem Vorteil nutzen können.

Emotionen sind nicht nur die Ampelschaltung, sondern damit auch gleichzeitig unser persönlicher innerer Kompass!

Wie oft haben Sie sich selber schon über eine Reaktion oder Entscheidung gewundert, sich geärgert oder sie sogar bereut, die Sie im Affekt getroffen haben? Wie kommt es eigentlich dazu?

Weil wir in solchen Situationen vor lauter Emotionen nicht mehr klar denken können und unter Druck stehen. Dadurch verringert sich automatisch unser Kreativitäts-Radius. Wir fühlen uns eingeengt, bedrängt und unfrei.

**Die fünf Schritte der rationalen Komponente**
im Überblick:

Der erste Schritt ist der, dass wir eine **neue Einstellung unseren Gefühlen gegenüber** gewinnen, nämlich sie tatsächlich als Kompass und Wegweiser zu betrachten.

Im zweiten Schritt **nennen wir die Emotion beim Namen** und ermitteln genau was wir eigentlich fühlen.

Was uns dann zum dritten Schritt führt, dass wir dieses **Gefühl anerkennen und ernst nehmen**.

Im vierten Schritt stellen wir uns **konstruktive Fragen**, die uns auf eine neue Fährte führen, sodass wir es

im fünften Schritt dann aktiv zu unseren Gunsten **in entlastende Lösungen umwandeln** können.

# 1. Schritt: Emotionen als Wegweiser

Was soll das also bedeuten, dass Emotionen unser Wegweiser sind?

Wir nehmen wörtlich als erstes wahr, sprich: erkennen auch als WAHR an, dass wir überhaupt eine belastende Emotion fühlen und dass diese Emotion für unseren Lebensweg wichtig und relevant ist.

Das Gefühl ist nämlich gleichzeitig auch ein konkreter Wegweiser für unsere persönliche Lebensroute. Emotionen zeigen uns genau die Richtung an, in die wir gehen sollen und sie wollen, dass wir

- das Steuer in die Hand nehmen,
- uns fortbewegen,
- etwas tun und
- selbstbestimmt an unserem Leben teilnehmen.

Sie sagen auch, wann wir eine Tankstelle für neuen Input brauchen, um ein Problem zu lösen, um unsere eigenen Interessen zu vertreten.

Oder wann wir eine Mitfahrgelegenheit in Betracht ziehen sollen, bei der wir neue Perspektiven kennenlernen und natürlich auch, wann es Zeit ist Rast zu machen und den Kopf frei zu bekommen oder sich neu zu orientieren.

Und das ist ja wohl eine gute Sache! Es geht also darum, unsere Emotionslandkarte lesen zu lernen.

Damit entwickeln wir eine neue Wertschätzung, dass Gefühle gleichzeitig auch das Navigationssystem für unseren persönlichen Lebensweg sind.

Belastende Emotionen informieren sprichwörtlich die Zentrale - unser Bewusstsein - dass eine Situation oder Interaktion mit anderen Menschen uns vom Weg abgebracht, manchmal sogar in die Irre geführt hat, und wir eine Kursänderung vornehmen müssen.

Route A:
Lustlosigkeit
Pessimismus
Opfergefühl

Route B:
Motivation
Optimismus
Selbstbestimmung

Aber oft genug bleiben wir auf dem Wegweiser sitzen, weil wir uns selbst so fremd geworden sind und annehmen, dass wir am Schild bereits angekommen sind - weil wir das Ziel vor Augen verloren haben.
Gut, dass unser Navigationssystem genau weiß, wo die Reise hingehen soll! Jetzt gilt es, die Karte zu lesen.
Das Navi hat zwei Routen zur Auswahl. Jede Emotion hat ihr konkretes Gegenstück.
Die Gesetzmäßigkeit der Dualität im materiellen Leben, sprich: ohne das Eine gibt es das Andere nicht, kommt uns hier sehr gelegen.
Wir können Route A nehmen, die uns zu Lustlosigkeit, Pessimismus und Opfergefühl führt, oder wir nehmen Route B, die uns zu Motivation, Optimismus und Selbstbestimmung führt.

## 2. Schritt: Die Emotion benennen

Wenn wir also vor der Ampel stehen, finden wir im zweiten Schritt heraus, WAS konkret auf dem Schild steht. Welche Emotion empfinden wir? Wie heißt sie? Z.B.: Wut, Trauer, Angst, Stress, Sorge, Ärger, Überforderung, Hilflosigkeit, Mutlosigkeit, Erschöpfung, Verzweiflung, Aggression...

Es mag Ihnen am Anfang schwerfallen, wenn Sie gerade völlig von der Emotion eingenommen sind, deren konkreten Namen zu finden.

Atmen Sie einmal tief durch und stellen Sie sich ganz bewusst die Frage: WAS genau fühle ich gerade?

Wenn wir uns lange in der belastenden Emotion aufgehalten haben, kann es u.U. dazu kommen, dass wir das Gefühl haben, wir SIND die Trauer, Erschöpfung oder der Stress – wir identifizieren uns praktisch schon fast mit dieser Emotion.

Eine erste Wirkung der Benennung der Emotion ist dann nämlich, dass wir dadurch automatisch Distanz gewinnen von dieser Identifizierung. Wir bemerken durch die gedankliche In-Frage-Stellung, dass es etwas ist, das uns lediglich eine Information geben möchte.

Im Gegensatz zur Identifizierung folgt der Dank der namentlichen Anerkennung - das Lesen des Schildes - als Zugeständnis, dass es eine spezifische Aufgabe hat und dass es etwas GUTES für uns möchte.
Und genau in dem Moment sagen wir „Ja" zu uns selbst. Denn es ist ja unser eigenes Gefühl, unser persönliches Navigationssystem.

Es will einfach nur sicher gehen, dass wir die Abfahrt nicht verpassen und deshalb macht es sich eben in genau dieser spezifischen Deutlichkeit bemerkbar.

## 3. Schritt: Die Botschaft entschlüsseln

Das Benennen und damit Anerkennen der Existenz der Emotion ist Voraussetzung für den dritten Schritt, bei dem wir uns jetzt im Detail anschauen, was die wahre Botschaft der belastenden Emotion ist und wo genau die Reise hinführen soll.

Denn noch mal - belastende Emotionen haben nur eine Motivation: dass wir uns selbst gerecht werden und damit unser eigenes, persönliches Abenteuer Leben für uns selbst sinnvoll und erfüllend gestalten.

Bevor wir jetzt in die Praxis gehen, noch ein kleiner Abstecher in den psychologischen Aspekt des Emotions-Managements:
Es ist klar, dass wir weder zu Hause, noch in der Schule, noch zu einem späteren Zeitpunkt im Leben konstruktiv gelernt haben, unsere Emotionen als Wegweiser zu sehen. Das bedeutet, dass wir praktisch gesehen ohne Emotions-Plan/Navigationssystem durchs Leben gehen.
Abgesehen davon, dass wir bereits wissen, dass uns Glaubenssätze unbewusst manipulieren, zeigt Emotions-Management uns nicht nur, wie wir diese belastenden Glaubenssätze löschen und neu programmieren können, sondern auch, was unser wahres Lebensziel ist.
Aber Achtung! Das wird definitiv nicht von alleine passieren, ohne unser aktives Zutun und auch nicht ohne, dass wir uns diese Zeit nehmen!

Meine persönliche Haltung diesbezüglich ist, dass ich als erwachsener Mensch die Verantwortung dafür trage, meine eigenen Defizite zu korrigieren und dafür zu sorgen habe, dass ich mich selbst glücklich mache. Ich weiß genau, dass das niemand anderes tun kann und es auch nicht automatisch passieren wird. Also nehme ich die Mühe auf mich, weil ich davon überzeugt bin, dass es sich lohnt!

Mein eigener Selbst-Wert war im ersten Drittel meines Lebens so gut wie nicht vorhanden. Er hat sich aus Schmerz, Verzweiflung und am Ende aus einer Überlebensnotwendigkeit gebildet.
Was ich auf dieser Welt zu suchen oder besser zu finden hatte, wurde mir erst klar, als ich verstand, dass ich die Fäden meines Lebens selbst in die Hand nehmen muss und auch will – weil ich es kann!
Erst diese Erkenntnis hat mir wahre Lebensfreude, Motivation und Sinnhaftigkeit gebracht.

Mein größter Wunsch, meine größte Motivation hinter diesem Programm ist natürlich für Sie; dass Sie diese Art von Selbstachtung und Selbstliebe und diesen Selbstwert auch für sich optimieren können.
Dieses Emotions-Management-Konzept ist das Resultat meiner persönlichen und beruflichen Erfahrungswerte in Bezug auf Selbst-Erkenntnis und Selbst-Bestimmung.
Diese Aufgabe ist eine lebenslange Hingabe an die eigene Entwicklung.

Die Lebensabschnitte, die wir im Laufe unseres Lebens durchlaufen, bringen immer wieder neue Herausforderungen mit sich. Situationen, denen wir bisher nie begegnet sind.

Geistige und körperliche Entwicklungen, auf die wir uns neu einstellen müssen, verlangen von uns die Bereitschaft, uns dem Leben zu stellen. Und zwar auf höchstem individuellem Niveau.

Denn das ist es ja auch, was uns Menschen so auszeichnet:
„Jeder ist einzigartig".

Und dennoch gibt es Gesetzmäßigkeiten, die für alle gelten. Eine davon ist, dass Emotionen eine entscheidende Funktion haben, uns auf unserem eigenen persönlichen Lebensweg zu halten.

Wir wissen jetzt, dass jede Emotion ihr Gegenstück hat, wir haben die Wahl! Es liegt an uns selbst, ob wir auf dem Schild sitzen bleiben, Route A oder Route B nehmen!

Wir entscheiden:

- **statt** Route A Richtung **Wut** zu gehen, Route B, Richtung **Einfluss** zu nehmen

- **statt** auf dem Weg zu **Stress** zu bleiben können wir uns auf den Weg nach **Ruhe** begeben

- **statt** uns nach **Angst** zu orientieren, können wir uns Richtung **Sicherheit** orientieren

- **statt** weiterhin auf Route A nach **Verzweiflung** zu laufen, entscheiden wir uns für Route B Richtung **Klarheit**

- **statt** links nach **Sorge** abzubiegen, können wir rechts nach **Vertrauen** abbiegen

Aber wie finden wir jeweils das Gegenstück zu einer belastenden Emotion?

## 4. Schritt: Konstruktive Fragen

Ganz einfach – wir fragen uns ganz pragmatisch: Was wäre das Gegenteil dieser Emotion? Was ist die Route B?
Damit ist Route B klar identifiziert, hat einen Namen und zeigt uns deutlich die Richtung an.

Eine Auflistung von den Gegenstücken, die Sie zur Umwandlung Ihrer belastenden Emotion hinzunehmen können ist im Anhang ab S.118.

Allerdings ist da ja noch die Ampelschaltung.

1. belastende Emotion

2. Glaubenssätze aktualisieren

3. freie Fahrt zu Route B

Die rote Ampel – das benannte belastende Gefühl - schaltet erst dann um, wenn wir aufdecken, was wir unbewusst glauben – unsere Glaubenssätze, die wir ja bereits in Kapitel 1 kennengelernt haben.
+Diese Glaubenssätze aktualisieren wir jetzt auf unseren heutigen Entwicklungsstand. Dann endlich bekommen wir grünes Licht und freie Fahrt zu Route B.
Wir finden heraus, genau welcher Glaubenssatz das belastende Gefühl verursacht und entscheiden jetzt, in dieser Situation, was wirklich unsere eigene individuelle persönliche Wahrheit ist; ob das unserem Alter und unserem heutigen Wissensstand entspricht und ob es unserem Interesse und unserem Lebensplan dient.

In diesem Sinne stellen wir uns richtungsweisende, konstruktive und damit lösungsorientierte Fragen.

## 5. Schritt: Antworten

Nun haben wir die unbewussten Glaubenssätze aufgedeckt und können mit unserem erwachsenen Verstand darauf antworten. In den meisten Fällen ist es so, dass die Erwachsene tatsächlich weiß, dass ein Großteil der Glaubenssätze nicht der Wahrheit entsprechen. Die konstruktiven Fragen geben der Erwachsenen Zugang zu ihren Ressourcen. Sie fordern Sie auf, Antworten zu finden, die auf Sie selbst bezogen sind, statt auf die Außenwelt.

**Belastende Emotionen auf rationaler Ebene umwandeln**
Beispiele:

**Wut**

Wann sind wir wütend? Wenn etwas nicht so läuft, wie wir es gerne hätten oder jemand sich nicht so verhält, wie wir es für richtig halten und:

**wir glauben**, dass wir darauf KEINEN Einfluss haben, wie:

- Ich kann eh nichts machen
- Es interessiert sowieso niemanden...
- Ich, meine Meinung oder mein Input wird nicht gesehen, gehört, gewollt, respektiert
- Ich/andere werden ungerecht behandelt

Also will die Wut Einfluss! Jetzt können wir konstruktive Fragen stellen:

- Welchen Einfluss möchte ich nehmen?
- Worauf und wann kann ich Einfluss nehmen?
- Was will der Andere mir wirklich sagen?
- Was will ich wirklich verstehen?

Vielleicht haben Sie jetzt schon gemerkt, dass durch diese Fragestellung der Fokus auf die Lösung gerichtet wird.
Während wir im Normalfall unsere Gedanken auf das konzentrieren, was uns wütend gemacht hat, wir überzeugt argumentieren, WARUM wir wütend sein müssen – sprich: auf der linken Spur bleiben und weiter auf Route A fahren - verschleiern wir die Tatsache, dass wir dennoch eine LÖSUNG für diese Situation finden können.

Ob es der Wut darum geht,

- uns selbst gerecht zu werden,
- uns vom anderen zu distanzieren,
- neue Informationen einzubringen,
- die eigene Meinung noch einmal zu überprüfen oder
- eine dritte Meinung einzuholen –

all dies führt zu Route B und sind Möglichkeiten, die WIR selbst nun in die Wege leiten können. Wenn wir rechts abbiegen entfernen wir uns vom Opferdasein hin zu Selbstverantwortung, hin zu Selbstbestimmung und dazu Antworten zu finden wie:

- Ich möchte ruhig und gelassen meine Perspektive darlegen.
- Ich mache mich NICHT davon abhängig, ob der andere darauf eingeht.
- Ich öffne mich der Möglichkeit, den anderen zu verstehen und doch mir selbst treu bleiben zu können.
- Ich finde einen Weg, Gerechtigkeit walten zu lassen.

**Trauer**

Wie sieht es bei der Trauer aus? Was ist das Gegenteil von Trauer? Ja genau, das ist im ersten Moment krass, sich vorzustellen, von Trauer in Freude zu wechseln, aber genau das ist es, was die Trauer uns sagen will.

Sie will uns vermitteln, dass

- womöglich ein Abschluss gefunden werden muss oder
- wir uns auf Alternativen einlassen oder
- es einfach Zeit ist, den eigenen Fokus wieder auf die schönen Dinge des Lebens zu lenken und der Freude wieder die Türe zu öffnen.
- wir die Verantwortung für unser Leben und dessen Inhalt tragen können, mit dem Wissen, dass jedes Tief ein Hoch nach sich zieht

Unbewusst **glauben wir** aber womöglich, dass

- wir uns unter diesen Umständen nicht mehr freuen können oder dürfen,
- die Gründe für das traurig sein so schwerwiegend sind, dass wir keine Möglichkeit, noch Berechtigung mehr haben, uns zu erlauben Freude zu empfinden,
- wir die Trauer einfach ertragen müssen und sie alles in unserem Leben überschatten muss.

Stimmt das denn aber in Wirklichkeit? Sind Sie wirklich dazu verdammt, ein Leben in Trauer zu erleiden? Oder ist es denn nicht natürlich, dass wir uns wieder der Freude an unserem Leben zuwenden?

Konstruktive Fragen bei Trauer sind:

- Was kann ich an der Situation akzeptieren / gut finden?
- Was kann ich ändern?
- Was ist/läuft in meinem Leben gut?
- Über was kann ich mich in dieser Situation freuen?
- Wie finde ich wieder Freude an...?
- Welche Bereiche in meinem Leben machen mir Freude, denen ich jetzt mehr Aufmerksamkeit geben kann?

Antworten:

- Ich freue mich, dass ich jetzt lerne, meine Unabhängigkeit auszubauen
- dass er jetzt frei/erlöst ist
- dass wir eine tolle Zeit miteinander verbracht haben
- dass ich neue Seiten an mir kennenlernen kann
- dass ich so viele gute Erlebnisse mit ihm hatte
- dass wir dennoch viele Gemeinsamkeiten hatten
- dass ich trotz allem gut versorgt bin
- dass ich zuverlässige Freunde habe
- dass ich selbst entscheiden kann, was ich jetzt mache...

**Angst**

Angst will Sicherheit und Sicherheit will Mut – worin genau brauche ich Sicherheit und welche Art von Mut benötige ich dafür?

Wenn wir Angst haben **glauben wir**, dass...

- das Leben nicht sicher ist
- hinter dieser oder sogar jeder Herausforderung eine bedrohliche Gefahr für uns lauert
- wir schwach und einer Situation nicht gewachsen sind
- wir die Verantwortung für das Thema nicht tragen können
- wir einen bestimmten Platz im Leben einnehmen müssen, um anderen zu gefallen oder zu dienen

Bei Angst ist es wichtig, nicht nur die Emotion Angst zu identifizieren, sondern genau wovor wir Angst haben.
Angst, die Prüfung zu bestehen ist anders, als Angst, die Kontrolle zu verlieren. Die Angst, ein Gespräch mit dem Chef zu suchen hat andere Hintergründe, als die Angst, sich Selbständig zu machen. Die Angst, zu versagen ist eine andere als die Angst, nicht mehr geliebt zu werden. Aber in allen Fällen will die Angst Sicherheit.

Wir fragen uns also in solchen Momenten:

- Worin will ich Sicherheit und wie komme ich zu dieser Sicherheit?
- Was kann ich dazu beitragen, diese Sicherheit zu gewinnen?
- Wie viel Prozent Sicherheit habe ich schon?
- Worin genau bestünde die fehlende Sicherheit?
- Welche Schritte kann ich einleiten, um dieses Sicherheit zu erhalten?

Und ja, manchmal brauchen wir eine Portion Mut, diese Sicherheit zu gewinnen. Definieren Sie die genaue Art von Mut, die jetzt gefordert ist. Fragen Sie sich ernsthaft, wie Sie diesen generieren können. Beantworten Sie diese Fragen dann auch!

- ❖ Mut, mich durchzusetzen – welche Möglichkeiten habe ich? Was habe ich mich bisher nicht getraut?
- ❖ Mut, hinter mir zu stehen – wer soll es sonst tun, wenn nicht ich? Wer steht schon hinter mir?
- ❖ Mut, mir einen positiven Ausgang zu wünschen / gedanklich zu erfassen – was verändert sich für mich, wenn es positiv ausgeht? Wer bin ich dann?
- ❖ Mut, mich neu zu definieren, positionieren, darzustellen – wohin möchte ich mich entwickeln? Wie sehe ich mich in einem, zwei, drei Jahren in Bezug auf dieses Angst-Thema?

Sie werden sehen, wenn Sie anfangen, sich konstruktive Fragen zu stellen, spüren Sie förmlich, dass andere Areale in Ihrem Gehirn aktiv werden.

Diese Areale werden seltener benutzt, sind also noch nicht so rege wie die der Gewohnheiten. D.h., wir stutzen vielleicht erst einmal oder es kommt einfach keine Idee. Bleiben Sie dran! Stellen Sie sich die gleiche Frage mehrmals - so lange, bis Ihr Unterbewusstsein reagiert und anfängt, die Antworten zu finden.

Antworten

- ich möchte sicher sein, dass es ein gutes Ende gibt
- ich/er/sie tun alles, was der Situation dienlich ist
- ich kann xy um Hilfe bitten
- einen Kurs machen
- mir gut zureden, vertrauen
- ich brauche Mut, meine Meinung zu sagen, mich durchzusetzen...

Es gibt auch immer die Möglichkeit, eine Freundin oder eine andere Vertrauensperson zu bitten, bei der Beantwortung der Fragen behilflich zu sein.

Wir müssen nicht immer alles alleine bewältigen, es ist kein Zeichen von Schwäche, sich Rat und Input von außen zu holen. Wenn Sie keinen passenden Ansprechpartner in Ihrem Umfeld haben, holen Sie sich einen Coach. Es gab in allen alten Kulturen bereits Schamanen, Heiler, Weise Alte, die gerade durch die Unparteilichkeit und Unbefangenheit für solche Aufgaben zur Verfügung standen.

Nur in unserer Gesellschaft gelten wir als schwach und manchmal sogar krank, wenn wir uns Unterstützung von außen holen.

Seien Sie modern und selbstbestimmt - gönnen Sie sich, Unterstützung in Anspruch zu nehmen.

## Verzweiflung

Wann sind wir verzweifelt?
Wenn **wir glauben**, dass

- es keinen passenden Ausweg, keine Lösung für eine Situation gibt.
- wir machtlos ausgeliefert sind und keine Handhabe über den Ausgang mehr haben.

Und was will die Verzweiflung? Sie will Klarheit, sie will Eindeutigkeit über unsere eigene Position, sie will, dass wir eine neue Richtung für unser eigenes Engagement finden. Dass wir kreativ werden, uns nach Alternativen umschauen, oder auch uns Hilfe holen. Dass wir aktiv werden und in die Situation eingreifen, uns aus der Situation herausholen, eine neue Komponente in die Situation einbringen, um Entwicklung nach vorne zu bewirken.

Also stellen wir uns Fragen wie:

- Für was stehe ich?
- Welche Entwicklung wäre mir am liebsten?
- Was ist der erste Schritt in Richtung Lösung?
- Was KANN ich tun?
- Wo und wie kann ich Hilfe bekommen?

Antworten

- ich will Klarheit, Eindeutigkeit, eine Entscheidung, Lösung
- ich stehe jetzt erst mal hinter MIR,
- übernehme die Verantwortung für MICH, dann erst kann ich mich um alles andere kümmern
- ich kann eine neue Perspektive einnehmen, Recherche machen, einen Experten aufsuchen

**Sorge**

- die kleine Schwester der Angst. Was sagt uns die Sorge? Sie will, dass

- sich für eine Situation, für uns oder für jemanden, der uns nahesteht alles zum Guten entwickelt
- neue Komponenten in ein Szenario kommen, die hilfreich sind und Erlösung bringen.

- Sprich: Sie will, dass wir prinzipiell Vertrauen.

- Vertrauen ins Leben, dass es für alles eine Lösung gibt,
- Vertrauen in die Tatsache, dass die Dinge im Leben sich positiv entwickeln,
- dass nicht alles schon so ist, wie wir es gerne hätten.
- Vertrauen, dass – egal was geschieht – wir oder andere dem gewachsen sind.

Denn, wie meine Mutter immer sagt: „Es wird uns nichts begegnen, was wir nicht auch bewältigen können." Und damit hat sie vollkommen recht.

Aber was **glauben wir** im Moment der Sorge? Wir glauben es besteht Gefahr,

- dass etwas schief gehen könnte und wir keine Lösung dafür hätten
- dass es keinen Ausweg gibt
- dass wir etwas übersehen haben, oder
- wir dem nicht gewachsen sind
- dass uns oder dem anderen etwas fehlt
- auch sogar generell, dass die Zeiten schlecht sind

Konstruktive Fragen wären in diesen Fällen:

- Wie kann es gut laufen?
- Was brauche ich/der andere dafür?
- Wo muss ich genauer hinschauen?
- Was kann ich/der andere lernen?
- Wie und wo kann ich mir das, was mir fehlt holen?

Gerade bei der Sorge geht es darum, dass wir Vertrauen in das Leben selbst haben. Das Leben ist kein Zufallsgenerator, auch wenn es manchmal so erscheint.

Wenn Sie mal in Ihre eigene Vergangenheit zurückblicken – wann haben Sie am meisten gelernt, sprich die wertvollsten Entwicklungsschritte getan?

Wenn Sie etwas überwunden oder neue Erkenntnisse gewonnen haben, wenn Sie über sich hinauswachsen mussten, um eine bestimmte Hürde zu überwinden.

Das heißt doch, dass wir unsere einzigartige menschliche Kreativität nutzen können, um zu entdecken, dass wir Ressourcen, sprich: Hilfsmittel, Reserven, Fähigkeiten und Kräfte haben, oder diese sich gerade jetzt in dieser Situation herausbilden können.

Antworten

- Ich traue mir/dem anderen jetzt zu, dass sich Lösung x ergeben wird.
- Ich hole mir / lerne, welche Komponente als nächstes umgesetzt werden muss.
- Ich sehe jetzt genauer hin, nehme eine frische Perspektive ein, ordne meine Gedanken schriftlich, mache mir eine Grafik über diese Situation, verschaffe mir einen informierten Überblick.
- Ich gehe der Reihe nach alle erkannten Punkte durch und bin offen für alternative, bisher unbekannte Lösungen, mit dem Wissen, dass ich nicht jedes Detail kontrollieren/ nicht immer über alles die Kontrolle haben muss und vertraue auf meine beste Absicht.

In den Work-Sheets im Anhang finden Sie ab S. 122 weitere Beispiele für die Umwandlung belastender Emotionen für:

- Überforderung
- Ärger
- Hilflosigkeit
- Mutlosigkeit
- Erschöpfung
- Enttäuschung

Der Mensch kommt mit so gut wie keinem Wissen und keinen Fähigkeiten auf diese Welt.
Was mich am meisten erstaunt hat, als ich meinen Sohn auf die Welt gebracht habe war, dass ein Baby noch nicht einmal seinen eigenen Kopf tragen kann und selbst das Saugen an der Brust lernen muss. Es kann sich nicht selbst im Bett umdrehen, weder krabbeln, noch laufen, weder logisch kommunizieren noch verstehen.
Komplett ALLES beim Menschen ist ein einziger Lern- und Entwicklungsprozess vom ersten Tag an bis wir diese Erde wieder verlassen.

Dennoch erwarten wir dank unserer unbewussten Glaubenssätze, dass wir doch als Erwachsene bereits alles, was uns im Leben begegnet mit Bravour bestehen müssten.

Aber in was sollen wir vertrauen?
Wenn Sie mich fragen, dann vertraue ich in allererster Linie darauf, dass ICH immer für mich da bin, dass ich mich selbst nie im Stich lassen werde - egal was passiert.
Dass ich mir wichtig bin, dass ich an meiner Entwicklung interessiert bin und aktiv daran teilnehme, dass ich meine Intelligenz optimal für mich nutze und:

DASS ES FÜR ALLES EINE LÖSUNG GIBT.

All das liegt ausschließlich in meiner Verantwortung, die ich für mich übernommen habe!

Hier schließe ich mich auch dem Physiker Max Planck als eingefleischtem Wissenschaftler mit Überzeugung an:

*„In allem Streben und Forschen suche ich hinter dem Geheimnis des Lichtstrahls ehrfürchtig das Geheimnis des göttlichen Geistes."*

Die wunderbarste und mächtigste Emotion, die wir haben ist die LIEBE! Und ich liebe das Leben, das mich immer wieder fasziniert. Wenn ich Kraft, Mut und Vertrauen schöpfen möchte, halte ich mich an die Natur.
Ich vertraue in das Leben und die Natur, die mir auch in den schlimmsten Zeiten immer wieder bestätigt hat, dass ich einen Platz auf dieser Welt habe und die Schöpfung ein Akt der Liebe ist. In der Natur spüre ich diese Liebe der Schöpfung und finde die Ruhe des SEINS ohne Erwartungen. Dort erhalte ich Inspiration, wenn das Leben mir neue Herausforderungen präsentiert.
Ich lege auch Ihnen ans Herz, wenn belastende Emotionen in Ihrem Leben die Überhand nehmen, gehen Sie raus ins Grüne, in den Wald, die Berge oder an einen See. Lassen Sie die Ruhe der Natur auf sich einwirken und Sie werden sehen, dass auch Sie dort Inspiration finden können.

Emotionen sind unsere Wegweiser. Ein Weg ist dafür da, dass er gegangen wird. Er bringt uns an neue Stationen in unserem Leben, gibt uns Herausforderungen, an denen wir wachsen, die uns die Freude am Leben erschließen.

Manchmal scheinen diese Herausforderungen unüberwindlich und es ist tatsächlich erst mal gut und notwendig, sich ein wenig bei dem Schild aufzuhalten, um genau zu erfassen, welche Emotionen wir haben, wie wir da hingekommen sind und wo jetzt die Reise hingehen soll.

Eines ist sicher: das Navigationssystem kennt den Weg und gibt uns in Form von Emotionen klare Ansagen.

Das Leben ist nicht so ausgelegt, dass wir passive Beifahrer sind und uns treiben lassen. Es verlangt uns ab, dass wir teilnehmen, engagiert sind und entscheiden, wo wir ankommen wollen.

Keine Entscheidung ist auch eine Entscheidung. Wenn wir uns treiben lassen oder anderen einfach nur folgen, kommen wir nicht an unserem persönlichen Bestimmungsziel an, sondern in einem fremden Hafen, wo wir uns orientierungs- und haltlos fühlen.

Und damit legen wir den Nährboden für Angst – die uns freundlicherweise wieder daran erinnert, dass wir ein eigenes Ziel haben: die Sicherheit, dass wir unseren Platz im Leben mit Vertrauen ins Leben einnehmen können und den Mut aufbringen, uns dieser Aufgabe zu stellen.

Durch anerkennen des Zieles der belastenden Emotion lenken wir mit der fünf-Schritte-Technik unsere Aufmerksamkeit automatisch auf die Lösung.
Damit realisiert der Verstand, dass er in Aktion treten kann, findet rationale, konstruktive Ansätze und motiviert uns, diese Lösungen umzusetzen.

Wenn Sie anhand der Arbeitsblätter im Anhang dennoch über die rationale Ebene nicht wirklich prägnante Veränderungen erreichen, haben Sie doch vorerst eine bessere Vorstellung, welche Richtung Sie einschlagen könnten.

Die rationale Ebene deckt, wie ich Eingangs bereits aufgezeigt hatte, lediglich einen Teilbereich des Emotions-Managements ab und gerät mitunter an ihre Grenzen. Nicht alles ist auf diesem Wege lösbar.

## Index Anhänge Arbeitsblätter

Alle Arbeitsmaterialen können Sie als tabellarische pdf-Dateien kostenlos unter mail@iris-austere.com anfordern.

| | |
|---|---|
| Anhang – Der 15-Sekunden Gefühls-Turbo | |
| Liste positiver Eigenschaften | 99 |
| Bestücken der Thymus-Liste | |
| Liebe | 103 |
| Glaube | 105 |
| Vertrauen | 108 |
| Dankbarkeit | 109 |
| Mut | 111 |
| Die Entwicklung unserer emotionalen Identität | |
| Glaubenssätze aufdecken | 112 |
| Glaubenssätze – die eigene Identität aktualisieren | 113 |
| Die Ansichten des inneren Kindes erkennen | 115 |
| Die eigene Wahrheit bestimmen – Update der Glaubenssätze | 116 |
| Beispiele Fragen | 117 |
| Beispiele Ressourcen | 118 |
| Beispiele Gegenstücke, belastende/angenehme Emotion | 119 |
| Aufbau in fünf Schritten – weitere Beispiele | 122 |
| Überforderung | 123 |
| Ärger | 124 |
| Hilflosigkeit | 125 |
| Mutlosigkeit | 126 |
| Erschöpfung | 127 |
| Schlussworte – Rolle und Folge dieser Fähigkeiten | 128 |
| Webinar-Reihe zum Buch / Einzel-Coachings | 130 |
| Notizen | 131 |

Anhang - 15 Sekunden Gefühls-Turbo

## Liste positiver Charaktereigenschaften

abenteuerlustig, , absprachefähig, absprechend, abwägend, abwartend, abwesend, achtsam, agil, akkurat, aktiv, altruistisch, ambitioniert, amüsant, anpassungsfähig, ansprechend, anspruchslos, , arglos, artig, asketisch, athletisch, attraktiv, aufgeschlossen, aufgeweckt, aufmerksam, aufrichtig, ausdauernd, ausgeflippt, ausgefuchst, ausgeglichen, , autark, authentisch, autonom, autoritär

barmherzig, bedacht, bedächtig, begabt, begehrenswert, begeistert, begeisterungsfähig, beharrlich, behände, beherrscht, beherzt, behutsam, belastbar, belebend, bemüht, bemutternd bereichernd, bescheiden, besonnen, beständig, betörend, betriebsam, bewusst, bezaubernd, bodenständig, brav

charakterstark, charismatisch, charmant, clever, couragiert

dankbar, demütig, devot, dezent, dickhäutig, diplomatisch, direkt, diskret, diskussionsfreudig, distinguiert, diszipliniert, dogmatisch, duldsam, durchblickend, durchschauend, durchsetzungsstark, dynamisch

echt, edel, effizient, effektiv, ehrenhaft, ehrenwert, ehrfürchtig, ehrgeizig, ehrlich, eifrig, eigenbestimmt, eigenmächtig, eigenständig, einfach, einfallsreich, einfühlsam, einladend, einsatzbereit, einsichtig, einzigartig, elegant, eloquent, emotional, empathisch, empfindungsvoll, emsig, energiegeladen, energievoll, energisch, engagiert, entgegenkommend, enthusiastisch, entscheidungsfreudig, entschieden, entschlossen, entspannt, erfahren, erfinderisch, erfolgsorientiert, erfrischend, erhaben, ermutigend, exaltiert, experimentierfreudig, extravagant, extrovertiert (extravertiert), exzentrisch

facettenreich, fachlich, fair, familiär, familienbewusst, fantasiereich, fantasievoll, fantastisch, fein, feinfühlig, feinsinnig, feminin, fesselnd, feurig, fidel, fleißig, flexibel, flink, forsch, fotogen, freidenkend, freiheitsliebend, freimütig, freizügig, freudvoll, freundlich, friedfertig, friedlich, friedliebend, friedvoll, frisch, fröhlich, Frohnatur, frohsinnig, fromm, fürsorglich, furchtlos

galant, gastfreundlich, gebildet, gebührend, gedankenvoll, gediegen, geduldig, gefällig, gefühlsbetont, gefühlvoll, geheimnisvoll, geistreich, geizig, gelassen, gemütvoll, generös, genial, genügsam, gepflegt, geradlinig, gerecht, gerechtigkeitsliebend, gescheit, geschickt, gesellig, gesprächig, gesundheitsbewusst, gewissenhaft, gewitzt, gläubig, glaubend, glaubensstark, glücklich, gönnerhaft, gottergeben, grazil, großherzig, großmütig, großzügig, gründlich, gütig, gutherzig, gutmütig

häuslich, harmlos, heimatverbunden, heiter, heldenhaft, heroisch, herrlich, herzerfrischend, herzlich, hilfsbereit, hingebungsvoll, höflich, höflichkeitsliebend, humorvoll, hübsch

ideenreich, impulsiv, individualistisch, initiativ, innovativ, innovationsfreudig, inspirierend, instinktiv, integer, intellektuell, intelligent, interessiert, intuitiv, jugendlich

keck, kinderlieb, klug, kollegial, kommunikationsfähig, kommunikativ, kompetent, kompromissbereit, konsistent, kontaktfreudig, kooperativ korrekt kosmopolitisch kräftig, kraftvoll kulant, kultiviert, kumpelhaft

lässig, lebendig, lebensbejahend, lebensfroh, lebenslustig, leger, leicht, leidenschaftlich leistungsbereit, leistungsstark, lernbereit, leutselig, liberal, lieb, liebend, liebenswert, liebevoll, lieblich locker, lösungsorientiert, loyal,
mitfühlend, modisch, musikalisch, mutig, motivierend, motiviert

objektiv, offen, offenherzig optimistisch, ordentlich, ordnungsfähig, ordnungsliebend

pfiffig, pflegeleicht, pflichtbewusst, poetisch produktiv, progressiv, pünktlich qualifiziert,

rat gebend, rational, reaktionsschnell, realistisch, rechtschaffend, redegewandt, reflektiert, rege, reif, reiselustig, reizbar, reizend, reizvoll respektvoll robust, romantisch, rücksichtsvoll ruhig

sachlich, salopp, sanft, sanftmütig schlagfertig, schlau, schmeichelhaft, schön selbstbeherrscht, selbstbewusst,, schwungvoll, selbstlos, selbstreflektierend, selbstsicher, selbstständig, sensibel, sensitiv, sentimental, seriös, sinnlich, solidarisch, solide, sonnig, sorgfältig, sorgsam, souverän, sozial, sozialkompetent, sparsam, spaßig, spirituell, spitzfindig, spontan, sportlich, sprachbegabt, spritzig, stabil standhaft, stark, stilbewusst, still stilsicher, stilvoll stolz, strahlend, strategisch, strebsam

teamfähig, temperamentvoll, tiefgründig, tierlieb, treu, treuherzig tüchtig

umgänglich, umsichtig, unabhängig, unbeschwert, unkompliziert unschuldig, unterhaltsam, unternehmungsfreudig, unternehmungslustig, unterstützend verantwortungsbewusst, vergebend, verlässlich, vermittelnd verschmitzt verspielt, verständnisvoll, verträumt, vertrauensvoll, vertrauenswürdig vielfältig, vielseitig, vital, vorausschauend, vornehm

wahrhaftig, wahrheitsliebend, warmherzig, weiblich, weich, weise, weitsichtig, weltoffen, wendig, willensstark, willig, wissbegierig, wissensdurstig, witzig, wohlerzogen, wohlgesinnt, wohlwollend, würdevoll

zärtlich, zartfühlend zielbewusst, ziellos, zielorientiert, zielstrebig, zufrieden, zuverlässig, zuversichtlich, zuvorkommend, überzeugend

## Bestücken der Thymus-Liste

Beispiele: **Liebe**

| Ich liebe an mir<br>Charakter-,Körpermerkmale, Eigenschaften, Fähigkeiten, Kompetenzen oder Talente | Ich liebe an meiner Umwelt |
|---|---|
| Meine Geduld | Meine Familie / Mann / Kinder / Geschwister |
| Mein Mitgefühl / Hilfsbereitschaft / Ehrlichkeit | Meinen Hund / Katze / Haustiere |
| Meine Kreativität / künstlerischen Fähigkeiten / Ideenreichtum | Mein zu Hause / Garten / Einrichtung |
| Mein handwerkliches Geschick / Hobby / Talente / Begabung | Gemeinsame Urlaube / Unternehmungen |
| Meine Intuition / Motivation / Spontaneität / Lebendigkeit | Meine Freunde / Kollegen |
| Meine Toleranz anderen Menschen gegenüber | Märkte / Flohmarkt / Weihnachtsmarkt |
| Meinen Respekt vor der Natur/anderen Menschen | Jahrmärkte / Oktoberfest / Zirkus |
| Meine Intelligenz / Auffassungsgabe /Lernbereitschaft / Bildung / Kommunikationsfähigkeit / Organisationstalent | Die Natur / Bäume / Seen / Sonnenuntergänge / Meer / Sonnenschein |
| Meine Tier-/Naturverbundenheit | Sport / Tanz / spazieren gehen / wandern |
| Meinen Sinn für Humor / Optimismus | Museen / Ausstellungen |
| Meine Wertschätzung für... | im Regen spazieren / Schneeballschlachten |
| Mein soziales Engagement / Herzlichkeit Hilfsbereitschaft | Fashion-Shows / Art Exhibits |

| | |
|---|---|
| Meine Offenheit / Direktheit / Toleranz / Ehrlichkeit | Kegelclub / Sportverein |
| Meine Disziplin / Durchhaltevermögen / Resilienz / Ehrgeiz | Gutes Essen / frische Brötchen / Sonntagsbraten / Schokolade / Eiscreme |
| Meine Spiritualität / Glauben / Gottverbundenheit | Symmetrie / Harmonie / Miteinander |
| Meinen Sinn für Schönheit / Stil / Geschmack | Sonntagsbrunch mit Freundinnen |
| Mein musikalisches/sprachliches/ sportliches Talent | Romantische Momente mit meinem Mann/Lover/Freund |
| Mein Temperament / Lebendigkeit | Anregende, informative, inspirierende Gespräche |
| Meine Fähigkeit, andere zu motivieren / anzuleiten / zu lehren / zuzuhören | Intimität / Sexualität |
| Meinen Körper / Gesicht / Haare / Haut / Fingernägel / Füße... | Hobbies / Handarbeiten / Basteln |
| Meine Zuverlässigkeit / Ordnungssinn | Meine Arbeit |
| Meinen Sinn für Schönheit / Ästhetik / Kunst | Engagement im sozialen Bereich |
| Meine Vitalität / Herzlichkeit / Freundlichkeit | |

Beispiele: Glaube

| Ich glaube über mich, dass ich | Ich glaube bzgl. meiner Umwelt, dass |
|---|---|
| ein guter Mensch bin | die Natur mir gut tut |
| mein Bestes gebe | das Leben mir viele Chancen bietet |
| gewissenhaft / vertrauenswürdig / korrekt / zuverlässig / loyal / verlässlich / ehrlich bin | Meine Familie / Freunde hinter mir stehen / mich unterstützen / für mich da sind / an mich glauben / mich lieben |
| meine Ziele erreichen kann | Gerechtigkeit siegt |
| Durchhaltevermögen habe | an eine höhere Instanz / Gott / universales Intelligenzfeld / schöpferische Energie |
| für andere da sein kann | an das Gute im Menschen |
| meine Entwicklung selbst beeinflussen kann | es für alles eine Lösung gibt |
| eine gute Freundin / Frau / Mutter / Tochter bin | Gemeinsamkeit stark macht / verbindet / Veränderungen bewirken kann |
| für mich die Verantwortung habe / Verantwortungsbewusst handle | Menschen / meine Familie / Freunde / Kollegen mir vertrauen |
| wahrhaftig / fair / authentisch bin | hinter jeder Erfahrung etwas Positives steckt |
| friedliebend / ein friedlicher Mensch bin | meine Familie zusammenhält |

| | |
|---|---|
| Talente / Fähigkeiten habe, die für mich / andere gut sind | alle Menschen gleichwertig sind |
| Mein innerer Coach immer stärker wird | Verständnis für andere habe |
| die Vergangenheit in Frieden hinter mir lassen kann | Allgemeinwohl / Miteinander / Kooperation |
| Mit den richtigen Tools kann ich alles erreichen | |
| lernfähig bin | |
| Meine Fähigkeit, andere zu motivieren / anzuleiten / zu lehren / zuzuhören | |
| Meine Zuverlässigkeit / Ordnungssinn | |
| Meinen Sinn für Schönheit / Ästhetik / Kunst | |
| Gute Energie verbreite | |
| Positiven Einfluss auf andere habe | |
| Ein guter Kommunikator bin | |
| Dass ich ein ästhetischer / reinlicher / attraktiver Mensch bin | |
| ich moralisch handle / Werte habe, die ich auch auslebe | |

Beispiele: Vertrauen

| Ich vertraue mir, dass ich | Ich vertraue meiner Umwelt, dass |
|---|---|
| ein guter Mensch bin | Meine Familie / Freunde ...hinter mir stehen |
| mein Bestes gebe | ...mich unterstützen |
| wahrhaftig / fair / authentisch bin | ...für mich da sind |
| meine Ziele erreichen kann | ...an mich glauben |
| Durchhaltevermögen habe | ...mich lieben |
| für andere da sein kann | mich wertschätzen |
| meine Entwicklung selbst beeinflussen kann | Gerechtigkeit siegt |
| eine gute Freundin / Frau / Mutter / Tochter bin | eine höhere Instanz / Gott / universales Intelligenzfeld / schöpferische Energie |
| für mich die Verantwortung habe / Verantwortungsbewusst handle | dem Guten im Menschen |
| gewissenhaft / vertrauenswürdig / korrekt / zuverlässig / loyal / verlässlich / ehrlich bin | es für alles eine Lösung gibt |
| friedliebend / ein friedlicher Mensch bin | Gemeinsamkeit stark macht / verbindet / Veränderungen bewirken kann |
| Talente / Fähigkeiten habe, die für mich / andere gut sind | meine Familie / Freunde / Kollegen mir vertrauen |
| Mein innerer Coach immer stärker wird | hinter jeder Erfahrung etwas Positives steckt |
| die Vergangenheit in Frieden hinter mir lassen kann | mir die richtigen Menschen begegnen |
| Ich mit den richtigen Tools alles erreichen kann | |

**Beispiele: Dankbarkeit**

| Ich bin dankbar, dass ich | Ich bin meiner Umwelt dankbar, dass |
|---|---|
| eine gewisse emotionale / rationale Intelligenz besitze | ich in einem friedlichen Land lebe |
| mich an die Umstände anpassen kann und trotzdem mir selbst gerecht werde | ich als Frau die gleichen Möglichkeiten habe |
| ich sehen, hören, riechen, fühlen, schmecken kann | wir ein soziales System haben |
| ich gesund bin | Ich ein schönes Haus / Wohnung / Zimmer habe |
| immer wieder aufstehe, wenn ich mal gefallen bin | Meine Familie / Freunde hinter mir stehen / mich unterstützen / für mich da sind / an mich glauben / mich lieben |
| den Mut habe, das Beste für mich im Leben zu wollen | Gerechtigkeit siegt |
| reisen kann | Eine höhere Instanz / Gott / universales Intelligenzfeld / schöpferische Energie |
| gut im Sport / Musik / Kunst bin | das Gute im Menschen |
| einen guten Job / Chef / Kollegen habe | es für alles eine Lösung gibt |
| mir meine Arbeit Spaß macht | Gemeinsamkeit stark macht / verbindet / Veränderungen bewirken kann |
| Bildung / ich studieren konnte | Menschen / meine Familie / Freunde / Kollegen mir vertrauen |
| eine gute Ausbildung habe | ich in einem sozialen Land lebe |

| | |
|---|---|
| Meinen Lebensstil | in einem freien Land lebe |
| Freunde habe, die mich unterstützen | Jahreszeiten |
| Meinen Optimismus | ich Freunde habe |
| offen bin für Neues | ich mich auf meine Familie / Freunde verlassen kann |
| mein Organisationstalent | ich die Natur genießen kann |
| meinen Ordnungssinn | ich einen Garten habe |
| ich zuverlässig / diszipliniert bin | ich ein Hobby habe, das mir Spaß macht |
| geduldig bin | |
| mich gut konzentrieren kann | |

Beispiele: Mut

| Ich bin mutig, | Ich bin in meiner Umwelt mutig, dass |
|---|---|
| mich meinen Herausforderungen zu stellen | meinem Chef die Stirn zu bieten / die Meinung zu sagen |
| die Verantwortung für mein Wohlbefinden zu übernehmen | ich eine Gehaltserhöhung / Beförderung eingefordert habe |
| neue Erfahrungen zu machen | mich meinem Vorgesetzten / Kollegen, der mich belästigt hat, zu widersetzen |
| mich äußerlich neu zu erfinden | mich beruflich neu zu orientieren |
| alleine in Urlaub zu fahren | mich von meinem missbräuchlichen Partner zu trennen |
| meine Meinung zu äußern / vertreten | meine Meinung durchzusetzen |
| mich, wenn es mir wichtig ist, durchzusetzen | hinter meinen Kindern / Partner / Freunden / Kollegen zu stehen |
| mich für andere einzusetzen, die schwächer sind | meinem Mann / Schwiegermutter / Eltern Paroli zu geben |
| meinen persönlichen Stil zu vertreten | am Spiel/Wettkampf teilzunehmen |
| hinter meinen Projekten / Ideen zu stehen | ein Haus zu kaufen/umzubauen |
| neue Projekte umzusetzen | an der Prüfung / Examen / Test teilzunehmen |
| Meine Ziele/Zukunftsvision zu verwirklichen | einen alternativen Lifestyle zu führen |
| Anders als andere zu sein | auf eine Demo zu gehen |
| zu Hause auszuziehen | eine Rede / Vortrag zu halten |

# Die Entwicklung unserer emotionalen Identität

## Glaubenssätze aufdecken

Sie können diese Listen nach Belieben erweitern. Sie erkennen durch diese Übung schnell, in welchen Bereichen Sie vielleicht negative und wo Sie positive Grundüberzeugungen haben, die unbewusst auf Ihre Handlungen und Ihr Denken wirken.
Das Wissen über unbewusste Programme hilft Ihnen dabei, Ihr Verhalten zu verstehen und auf bewusster Ebene ein Update zu machen.

Versuchen Sie, soviel wie möglich über Ihre (bisher) unbewussten Einstellungen herauszufinden. Das gibt Ihnen viele interessante Hinweise darauf, warum Sie sich in vielen Situationen auf eine bestimmte Art verhalten.
Sie können so auch erkennen, ob und warum Sie sich in gewissen Bereichen vielleicht selbst boykottieren.
Wenn Sie z.B. in Ihrem Unterbewusstsein einen Glaubenssatz haben, der besagt, dass viel Geld charakterschwach macht, dann ist es nicht verwunderlich, wenn Sie sich selbst daran hindern, viel Geld zu verdienen.

Schreiben Sie spontan und ohne viel nachzudenken auf, welche Begriffe Sie mit den folgenden Themen verbinden:

| o Menschen | o Männer | o Frauen |
|---|---|---|
| o Liebe | o Arbeit | o Erfolg |
| o Geld | o Versagen | o Fehler |

## Glaubenssätze – die eigene Identität aktualisieren

Finden Sie heraus, welche der nachfolgenden Glaubenssätze auf Sie zutreffen und formulieren Sie überzeugende Gegenargumente, die beweisen, dass dies nicht der Wahrheit entspricht.
Die Bestimmung des Skalenwertes macht Ihnen deutlich, wie stark ein Glaubenssatz in Ihnen angelegt ist. Je höher der Skalenwert, desto mehr Gegenargumente sind erforderlich, um ihn umzuwandeln.
Ergänzen Sie in den freien Zeilen eigene Glaubenssätze, die Ihnen bereits bekannt sind und wandeln Sie diese ebenso um. Dies können Sie anhand der Fragen in Kapitel 2 umsetzen.
Das dadurch gezielte Überdenken alter Überzeugungen ermöglicht eine Aktualisierung unterbewusster Muster, sodass neue neuronalen Verknüpfungen mit anderen - positiven - Inhalten hergestellt werden können.

Suchen Sie sich zu Beginn die Vorlage aus, die Ihnen am leichtesten fällt, die Sie interessiert und Ihnen auch Spaß machen kann.
Wenn Sie ein paar der Glaubenssätze umgewandelt haben, lassen Sie sich Zeit, die neue Haltung in Ihren Alltag zu integrieren. Es kommt hier nicht auf die Masse an, sondern auf die Qualität.

Es geht um SIE – seien Sie es sich wert, Ihre persönliche Entwicklung noch einmal aus der Vogelperspektive zu überblicken und dann aus der Perspektive und mit allen zur Verfügung stehenden Ressourcen der Erwachsenen zu zensieren, was überholt ist. Dann kann die Erwachsene auch valide Stellung nehmen.
Wenn Sie parallel dazu regelmäßig den 15 Sekunden Gefühls-Turbo anwenden, wird es nicht lange dauern, bis sich Erfolge deutlich bemerkbar machen.

Weitere Vorlagen zum direkten Eintragen in diese Listen sind in den pdf-Downloads enthalten.

| Auf einer Skala von 0 – 10 wie stimmig sind die folgende Aussagen | Skalenwert |
|---|---|
| Ich darf mich nicht verändern, weil<br>Meine Wahrheit: | |
| ich so bleiben muss wie ich bin, um geliebt zu werden<br>Meine Wahrheit: | |
| andere mich nur mögen, weil ich so bin wie ich bisher war<br>Meine Wahrheit: | |
| es gefährlich für mich ist, wenn ich mich verändere<br>Meine Wahrheit: | |
| ich nicht damit umgehen kann, selbstsicher und selbstbestimmt zu sein<br>Meine Wahrheit: | |
| ich zu dumm/nicht intelligent genug/zu unsicher/zu ungebildet bin<br>Meine Wahrheit: | |
| es mir schwer fallen wird, mich zu verändern<br>Meine Wahrheit: | |
| ich mich nicht wohl fühlen würde, wenn ich anders bin<br>Meine Wahrheit: | |
| ich Probleme bekomme, wenn ich mich verändere | |
| Eigene bekannte Glaubensmuster: | |
| | |
| | |
| | |
| | |

# Die Ansichten des inneren Kindes erkennen

Welche Ansichten haben Sie in Bezug auf die in der linken Spalte aufgeführten Themenbereiche?

| Thema | Beispiele |
|---|---|
| Geduld | Ich muss alles schnell machen, weil... \|\| Wenn ich das nicht gleich mache,... \|\| Ich verpasse etwas, wenn \|\| Ich habe Angst, dass... |
| Autonomie | Ich kann das nicht, weil... \|\| Ich brauche andere, weil... |
| Älter werden | Im Alter wird man starrsinnig, ungelenkig, krank...\|\| nur junge Menschen sind gefragt, attraktiv, ... |
| Verantwortung übernehmen | Dann bin ich schuld, wenn etwas schief geht... \|\| Ich habe Angst, dass... \|\| Ich bin nicht stark genug, weil... |
| Geschlechterrolle in Frage stellen | Frauen/Männer sind... \|\| Als Frau/Mann muss ich... \|\| Ich kann als Mann nicht zu Hause bleiben, weinen, etc. weil... \|\| mein Mann hat das Sagen, weil... |
| Aus Unsicherheit eine Tugend machen | Ich halte diese Unsicherheit nicht aus, weil... \|\| Ich muss genau wissen wann, was, wie, wo passiert, sonst... \|\| Wenn ich nicht die Kontrolle über alles habe,... |
| Der Kindlichkeit Raum geben | Ich kann nicht rumalbern, weil... \|\| Ich muss immer ernst sein, weil... \|\| Ich muss immer alles im Griff haben, weil... |

# Die eigene Wahrheit bestimmen
## Update der Glaubenssätze

Nun haben Sie einige Ihrer Glaubenssätze aufgedeckt und vielleicht hat es Sie auch bei dem einen oder anderen verblüfft, welche Zusammenhänge zu Ihrem Verhalten deutlich wurden.

Fragen, die das gezielte Überdenken alter Überzeugungen und Glaubenssätze einleiten, ermöglichen neue neuronalen Verknüpfungen mit anderen - positiven - Inhalten.

Suchen Sie sich zu Beginn die Vorlage aus, die Ihnen am leichtesten fällt, die Sie interessiert und Ihnen auch Spaß machen kann.

Wenn Sie ein paar der Glaubenssätze bearbeitet haben, lassen Sie sich Zeit, die neue Haltung in Ihren Alltag zu integrieren. Es kommt hier nicht auf die Masse an, sondern auf die Qualität.

Es geht um SIE – seien Sie es sich wert, Ihre persönliche Entwicklung noch einmal aus der Vogelperspektive zu überblicken und dann aus der Perspektive und mit allen zur Verfügung stehenden Ressourcen der Erwachsenen zu zensieren, was überholt ist.

Dann kann die Erwachsene auch valide Stellung nehmen.

Wenn Sie parallel dazu regelmäßig den 15 Sekunden Gefühls-Turbo anwenden, wird es nicht lange dauern, bis sich Erfolge deutlich bemerkbar machen.

# Beispiele Fragen

| | |
|---|---|
| Macht das wirklich Sinn, was ich da glaube? | Glaube ich das, oder weiß ich es? |
| Halte ich an diesem Glauben fest, weil ich vergangene Erfahrungen damit erkläre? | Kann ich eine andere Sichtweise / Erklärung finden? |
| Was ist MEINE Wahrheit? | Was sind MEINE Werte? |
| Welchen Einfluss möchte ich darauf nehmen? | Für was stehe ich? |
| Wo muss ich genauer hinschauen? | Welche Entwicklung wäre mir am liebsten? |
| Was will ich wirklich verstehen? | Was KANN ich tun? |
| Welche Beweise habe ich, dass dieser Glauben nicht stimmt? | Wo und wie kann ich Unterstützung bekommen? |
| Worauf und wie kann ich Einfluss darauf nehmen? | Was brauche ich, um meine Wahrheit zu leben? |
| Was motiviert mich, meine eigene Wahrheit zu leben? | Auf welche Ressourcen kann ich mich verlassen? Welche könnten mir jetzt helfen? |
| Wer sagt, dass ich... nicht kann/darf? | Welches Ergebnis möchte ich? |
| Wie alt fühle ich mich, wenn ich das denke? | Wie alt bin ich wirklich? |
| In wie fern kann ich mehr Vertrauen ins Leben investieren? | Welche positive Veränderung kann ich mir vorstellen? |
| Welche Indizien gibt es, dass dieser Glaubenssatz nicht stimmt? | Was deutet darauf hin, dass er sich ändern könnte? Was spricht dafür? |
| Welche Komponenten brauche ich, um mehr an mich zu glauben? | Wer bestätigt mir, dass dieser Glauben über mich nicht stimmt? |

# Beispiele Ressourcen

| | | | |
|---|---|---|---|
| Intelligenz | Bildung | Interesse | Selbstdisziplin |
| Lernbereitschaft | Humor | Wissen | Meditation |
| Entspannungsfähigkeit | Gesunder Menschenverstand | Offenheit für Neues | Austausch mit Freunden |
| Talente / Begabungen | Haltungen | Fertigkeiten | Netzwerke |
| Potenziale | Kreativität | Beziehungen | Vertrauen |
| Optimismus | Resilienz | Motivation | Spirituell |
| Hoffnung | Liebevoll | Verlässlich | Einfallsreich |
| Praktisch | Loyal | Produktiv | Erfinderisch |
| Kompetent | Fleißig | Ausdauernd | Intuitiv |
| Respektvoll | Liebevoll | Würdevoll | Werte |
| Ästhetik | Aufmerksam | Konzentrationsfähigkeit | Logisch denkend |
| Anstand | Ehrlichkeit | Zuverlässigkeit | Geduld |
| Gesundheit | Fitness | Sportlichkeit | Kameradschaft |

# Beispiele Gegenstücke
## belastende Emotion ↔ angenehme Emotion

| | | | |
|---|---|---|---|
| abgespannt | entspannt, gelassen | empfindlich | widerstandsfähig selbstbewusst |
| aggressiv | friedlich, gelassen | empört | verständnisvoll |
| alarmiert | ruhig, gelassen | entmutigt | selbstbestimmt |
| angegriffen | gesunde Distanz, Selbstvertrauen | entsetzt | gelassen |
| angespannt | entspannt, gelassen | enttäuscht | Klarheit, Akzeptanz, Verständnis |
| ängstlich | sicher | entwertet | Selbstwert |
| beängstigt | mutig | erschrocken | gefasst, gelassen |
| bedrängt | distanziert | feige | mutig |
| bedrückt | sich öffnen | feindselig | friedlich, offen |
| befangen | sich öffnen | frustriert | motiviert |
| beleidigt | Abgrenzung | furchtsam | mutig |
| abhängig | unabhängig | gereizt | gelassen |
| beschämt | selbstbewusst | gestört | abgrenzend |
| besorgt | zuversichtlich | gleichgültig | motiviert |
| betrogen | abgrenzend | haltlos | Selbstvertrauen, |
| betroffen | Selbstverantwortlich | hasserfüllt | neutral, abgegrenzt |
| betrübt | zuversichtlich | hilflos | selbstbestimmt, mutig |
| beunruhigt | Ruhe bewahren | hoffnungslos | beherzt, mutig |
| bitter | gelassen | inkompetent | selbstsicher, lernfähig |

| | | | |
|---|---|---|---|
| blockiert | offen | irritiert | gelassen, besonnen |
| brummig | frohgemut | jämmerlich | selbstbestimmt |
| deprimiert | Zuversichtlich, motiviert | kribbelig | ruhig, besonnen |
| distanziert | akzeptierend, nah, engagiert | lüstern | respektvoll |
| ehrfürchtig | vertrauensvoll | minderwertig | selbstbewusst |
| eifersüchtig | tolerant | miserabel | zuversichtlich |
| einsam | mit mir selbst zufrieden | missbilligend | tolerant, verständnisvoll |
| missmutig | zuversichtlich | unklar | klar u. deutlich, lösungsorientiert |
| misstrauisch | vertrauensvoll | unnahbar | offen, annähern |
| missverstanden | verständnisvoll perspektivisch | unruhig | besonnen, ruhig |
| müde | vital | unschlüssig | entschieden, geduldig |
| mürrisch | tolerant, offen, akzeptierend | unsicher | sicher, zielorientiert |
| mutlos | zuversichtlich, mutig | unterwürfig | selbstbestimmt |
| niederträchtig | erhebend, respektvoll | unter Druck | überlegt, entspannt, besonnen, frei |
| neidisch | gönnerhaft, respektvoll | unwohl | überlegt, klar |
| nervös | ruhig, sicher | unzufrieden | in Frieden |
| niedergeschlagen | mutig | verachtend | achtend, offen, verständnisvoll, |
| ohnmächtig | machtvoll, ideenreich | verängstigt | mutig, zielsicher, entschlossen |
| panisch | besonnen, gelassen | verärgert | friedlich, tolerant |

| | | | |
|---|---|---|---|
| peinlich | selbstbewusst | verbissen | abgrenzend, freilassend |
| schlapp | vital, Kraft sammelnd | verspannt | locker, gelassen |
| schwermütig | leicht und mutig, gelassen | verstört | gesammelt |
| schwunglos | schwunghaft, vital | verunsichert | sicher, standfest |
| träge | motiviert, angetrieben | weinerlich | mit Sonne im Herzen, freudig |
| traurig | freudig, glücklich, zuversichtlich | widerwillig | motiviert, selbstbestimmt |
| überdrüssig | entschlossen, entscheiden | wütend | abgrenzend, tolerant, selbstbewusst |
| überfordert | priorisierend | zappelig | ruhig, besonnen, gefestigt |
| unbehaglich | wohlig, in Frieden | zermürbt | standfest, gefasst selbstbestimmt |
| unbeteiligt | engagiert, zugehörig | zerrissen | klar, eindeutig, entschieden |
| ungeduldig | geduldig | zittrig | mutig, forsch entschlossen, |
| ungehalten | verständnisvoll, geduldig | zögerlich | mutig, entscheidungs- freudig |
| ungemütlich | gemütlich | zornig | gnädig, gelassen |

# Weitere Beispiele zur Umwandlung von belastenden Emotionen auf rationaler Ebene

## Aufbau der 5 Schritte

Eine DIN A 4 Vorlage zum Ausdrucken, mit praktischen Beispielen, können Sie sich der Website www.Emotions-Management-Austere.com unter „Webinare" kostenlos herunterladen.

# Beispiele zur Bearbeitung von: Überforderung - Ärger – Hilflosigkeit – Mutlosigkeit – Erschöpfung

1 Belastende Emotion: **Überforderung**

2 **Was glaube ich?**

Ich schaffe das nicht; das ist alles zu viel; ich muss alles gleich und schnell erledigen; ich darf/kann nicht..., ich muss..., keiner kann/will/darf mir helfen, habe den Überblick verloren...

3 **Konstruktive Fragen:**

- Wer sagt, dass ich... nicht kann/darf?
- Wie alt fühle ich mich, wenn ich das denke?
- Wie alt bin ich wirklich?
- Auf welche Ressourcen (z.B. Bildung, Intelligenz) kann ich mich verlassen?
- Welche könnten mir jetzt helfen?

4 Entlastende Emotion: **Prioritäten**

5 **Meine Antworten**

s. Ressourcen-Liste: ich bin eine erwachsene Frau, die genügend Erfahrung hat, ich habe verstanden, dass ich verantworten kann, zu priorisieren und mache jetzt eine Liste, wann ich was erledige. Ich lerne jetzt, zu delegieren und mich zu disziplinieren.

1   Belastende Emotion: **Ärger**

2   **Was glaube ich?**

Ich habe keinen Einfluss | der andere respektiert mich nicht | ich wurde übergangen | mir hört keiner zu | ich bin es dem anderen nicht wert | er/sie hat eine Grenze überschritten | jetzt ist es zu viel | ich muss/kann/darf nicht… | der andere muss/kann/darf nicht…

3   **Konstruktive Fragen:**

- Welches Ergebnis hätte ich gerne?
- Liegt es in meiner Macht, daran etwas zu ändern?
- Was genau kann ich tun?
- Ist das Verhalten des anderen verständlich?
- Will der andere mich wirklich verletzen?
- Kann ich eine andere Sichtweise / Erklärung finden?

4   Entlastende Emotion: **Frieden**

5   **Meine Antworten**

ich hätte gerne, dass…; ich akzeptiere, dass…; ich handle jetzt auf eine erfolgversprechendere Art und Weise. Ich verstehe, dass…; ich entscheide, das nicht persönlich zu sehen; ich mache meinen Frieden mit seiner Sichtweise/Verhalten;

1 Belastende Emotion: **Hilflosigkeit**

2 **Was glaube ich?**
Ich muss doch was tun | ich kann das so nicht akzeptieren | ich bin verantwortlich | ich weiß nicht was ich tun soll | der andere respektiert mich nicht / verhält sich falsch / muss anders handeln, sprechen, mit mir umgehen...| ich muss / kann / darf / nicht...

3 **Konstruktive Fragen:**

- Liegt es in meinen Händen?
- Welches Ergebnis möchte ich?
- Könnte ich mehr Vertrauen ins Leben investieren?
- Welche Indizien gibt es, dass es eine Lösung gibt?
- Wer kann ev. dazu beitragen?
- Ist es wirklich meine Aufgabe/Verantwortung etwas zu tun?
- Welche gute Wendung kann der andere /die Situation finden?

4 Entlastende Emotion: **Macht**

5 **Meine Antworten**

Es liegt in meiner Macht, meine Einstellung zu überprüfen / mich einzubringen/mich herauszunehmen/die Verantwortung abzulehnen/ anzunehmen | ich vertraue darauf, dass sich das zum Guten wenden wird/dass es für etwas gut ist/ dass sich eine Lösung zeigt.

1  Belastende Emotion: **Mutlosigkeit**

2  **Was glaube ich?**

Es hat eh keinen Sinn; dass schaffe ich nie; es ist/war alles umsonst; keiner hilft mir; alle sind gegen mich; ich habe noch nie...; ich habe schon immer...; das war noch nie...

3  **Konstruktive Fragen:**

- Welche positive Entwicklung kann ich mir vorstellen?
- Was deutet darauf hin, dass es klappen könnte?
- Was spricht dafür?
- Welchen Sinn sehe ich darin?
- Welche Komponenten brauche ich, um das hinzukriegen?
- Wer steht hinter mir?
- Welche Ressourcen habe ich, die mich dabei unterstützen?

4  Entlastende Emotion: **Perspektive**

5  **Meine Antworten**

Ich kann mir vorstellen...; es spricht dafür, dass...; aufzählen aller positiven Gründe / benötigten Komponenten / Ressourcen / möglicher Unterstützung

1 Belastende Emotion: **Erschöpfung**

2 **Was glaube ich?**

Ich bin an meinem Limit; ich kann nicht mehr; das hört nie auf; es wird immer schlimmer; niemand hilft mir; ich muss alles alleine bewältigen; es ist alles sinnlos;

3 **konstruktive Fragen:**

- Wie kann ich meinen Kräftehaushalt aufmöbeln?
- Wann habe ich bewusste Regenerationszeiten?
- Wen kann ich um Unterstützung bitten?
- Was kann ich ablegen/delegieren?
- Welche Aktivitäten machen Sinn, bringen effektivste Ergebnisse?
- Wo übertreibe ich?

Entlastende Emotion:

4 entlastende Emotion: **Klarheit / Spielraum**

5 **Meine Antworten**

Ich akzeptiere, dass ich die Verantwortung für meinen Kräftehaushalt habe; ich überdenke welche Aktivitäten tatsächlich so wichtig sind; ich finde heraus, warum ich mich derart überlade und korrigiere die Ursache; ich übergebe die Verantwortung für Erledigungen für andere jetzt an die anderen; ich erlaube/traue den anderen zu, dass Sie lernen können/die Fähigkeit haben, Aufgaben zu übernehmen; ich lerne jetzt, es mir wert zu sein, Freizeit zu haben.

# Schlussworte

## Rolle und Folge dieser Fähigkeiten

Die allseits praktizierte Gewohnheit, belastende („negative") Emotionen aufzubauschen, zu diskutieren, ihnen Aufmerksamkeit zu geben, sie wertzuschätzen, zu demonstrieren wird nach und nach ersetzt durch die Fokussierung auf positive Emotionen und Eigenschaften.
Wann haben Sie jemals erlebt, dass die Bekundung „ich bin so im Stress" dazu geführt hat, dass der Stress nachlässt, dass sich bei der Aussage „ich bin wütend" die Situation verändert hat oder „ich bin traurig", dass die Trauer verschwunden ist?

Die mentale Ebene – in diesem Falle das Thymus-Tapping – ist ein praktisches Werkzeug, neue, selbst gewählte neuronalen Vernetzungen in Ihrem Gehirn anzulegen. Diese sind Ihnen auf Dauer in ihrer positiven Aussage für unsere Lebensführung weitaus dienlicher.

Im zweiten Kapitel: ´Wenn Emotionen in die Irre führen´ habe ich ja schon ausführlich besprochen und dargelegt, dass diese Emotionen klare Aufforderungen zum Handeln sind.
Hierfür haben Sie jetzt eine genaue Anleitung, wie die Handlung auf der rationalen Ebene umgesetzt werden kann.

Nichts bleibt gleich, alles ist in ständiger Veränderung – jetzt liegt es an Ihnen, selbst zu bestimmen in welche Richtung sie sich verändern.

Mit täglicher Gefühlshygiene, einerseits täglich den 15 Sekunden Gefühls-Turbo einzusetzen und andererseits aktuell belastende Emotionen zeitnah umzuwandeln, erreichen Sie 3-fache

Effektivität durch Abdecken aller Bereiche: Körper, Geist und Seele.

- Körper – klopfen an der Thymusdrüse
  - Selbstberührung wirkt autoregulierend Stress reduzierend

- Geist - die Aufgabe von Emotionen rational erfassen und proaktiv einwirken
  - bewusste Ansage an das eigene System
  - positive Selbstbeziehung durch Bewusstmachung
  - das Gefühl folgt dem Verstand
  - lernen durch Wiederholung

- Seele – Identifizierung mit positiven Attributen
  - positive Grundhaltung öffnet den Kanal zur Seele

Entsprechend dem Gesetz der Anziehung werden Sie bei regelmäßiger Anwendung mit der Zeit feststellen, dass sich „scheinbar" Ihr Außen mit Ihnen verändert. Analog dem Zitat meines geschätzten Lehrers, Prof. Dr. Psych. Wayne Dyer:

*"Verändere die Art wie Du die Dinge betrachtest und die Dinge, die Du betrachtest verändern sich."*

Dies kann ich durch eigene Erfahrung und auch die Rückmeldung meiner Klienten und Seminarteilnehmer in den letzten vierzehn Jahren mit Überzeugung und gutem Gewissen bestätigen.

Nun wünsche ich Ihnen von Herzen, dass Sie sich mit dem 15 Sekunden Gefühls-Turbo von Grund auf stärken, sodass Sie sich, wenn sich belastende Emotionen bemerkbar machen, daran erinnern, dass Sie in fünf Schritten eine andere Perspektive einnehmen können und die Ampel auf Grün schalten, sich selbst den Weg zu Ihrem persönlichen Lebensziel frei machen!

## Webinar-Reihe

Ergänzend zu diesem Buch ist eine Webinar-Reihe erhältlich.

In den Webinaren sind die einzelnen Abschnitte aus diesem Buch anschaulich aufbereitet. Sie eignen sich hervorragend als Ergänzung, zur Vertiefung und Ausarbeitung dieser Emotions-Management Komponenten. Ich lade Sie ganz herzlich dazu ein, an den ersten beiden Webinaren kostenlos teilzunehmen. Sollten Sie sich anschließend für das dritte Webinar entscheiden, nutzen Sie diesen Code für Ihr spezielles

**Sonderangebot von 29 €** (statt 49 €)

Gutschein-Code: TURBO-BONUS

Weitere Informationen und Download-Möglichkeiten für alle Kursmaterialien finden Sie
auf: **www.emotions-management-austere.com**
unter: Webinare

## Einzel-Coachings

Wenn Sie gerne professionelle Begleitung für Ihr Persönlichkeits-Update mit Emotions-Management-Techniken möchten, können Sie natürlich auch Einzel-Coachings mit mir in Anspruch nehmen. Diese finden in der Regel per Telefon oder Skype statt. Intensiv-Coachings auf Mallorca nach Absprache.
Kontaktieren Sie mich unter: mail@iris-austere.com
oder telefonisch unter: 06233-299 520

## Notizen